老香港·舊世情

許定銘 著

目錄

1982~4~2

狗的父親底故事

愛養狗並不出奇，但若似我這位朋友那樣養狗的，不只出奇，簡直可以上世界紀錄大全。先得聲明，此君並非養狗來做生意，他純是愛狗養狗。

朋友P君，夫婦二人均近六十，無子女。工作之餘，即以養狗為嗜好，他們家裏經常養着七八十隻狗。他自置了一幢大廈的頂樓，並將天台加建了一層，兩層樓凡二千餘呎，全擠滿了狗。(七八十隻呀，大佬！)

他養狗，不養名種狗，都是一般常見的中國狗。他說：「狗很有性，大部分都知道到那裏大小便，睡也知道倒在那裏。有些還知道呷醋呢，為了爭和我睡覺而經常打架；我那兒很熱鬧的，幾十隻小東西，整天跑來跑去……你有空來坐坐啊！」

我最怕狗，不敢去。問他為什麼養那麼多狗，他說：「狗是我的兒女啊！」

P先生最近惹了大禍。一天他放學回家，發現和他生活了幾十年的老妻「留書出走了」。「留書」的內容大意是說無法再受他的「兒女」們的氣，而且，實在無法處理那「家務」了。

這回P先生可慘了，先向學校請了幾天「病假」，然後四出「尋妻」去了。幾天後，終於在九龍城的天橋底把妻子尋回。原來她離家以後，即在那兒搭了間「紙皮屋」居住。白天到工廠裏工作，晚上則睡天橋底。據說P太太的這樣出走，已不是第一次的了，然而，P 養狗的「嗜好」還是不改。

讀者別以為午言在說故事或笑話，這是一宗發生在我們的都市裏，一個真實的人物，一件千真萬確的事。是什麼令 P 先生養成這種超乎常理的嗜好呢？他們夫婦這種行為是否病態呢？我不知道。

1982~6~28

無節派

午言個個星期日到茶樓等開門，是怕了等位。那天還未到茶樓，老遠的見門口擠滿了人，正感到奇怪，偶然聽到附近的人大聲談話，才知道是父親節。

茶樓一開門，人潮湧進，幸好眼明手快，搶得大枱一張，不然，一會兒真不知如何向家人交待。只五分鐘，百多張枱的大茶樓已然滿座了。

別說午言大鄉里，連「父親節」也不知道，因為午言是「無節派」的，一向對節令一點兒印象也沒有，既不「做節」，亦沒有想過父母節要請父母飲茶送禮之類。我認為要到「父親節」才請父親飲茶是一種極無聊的舉動，因為反過來即是「平日不用請父親飲茶」或者「平日不用記掛父親，只這一天就夠了？」

或許你會以為我過於偏激，不過我總覺得，無論做事或對人，內心的真誠比表面重要得多。

無論大節小節，我都沒有興趣。「端午節」我不吃糉，去看龍舟又嫌人多，極其量開電視看看。「中秋節」算是我較喜歡的日子，我愛食四黃蓮蓉月。「聖誕節」我不參加舞會，不去教堂⋯⋯以前我開書店的時候，一年三百六十五日開足三百六十二日，因為年初一至初三，被老媽拉回老家去。

我不單是「無節派」，而且還是「無生日派」。我從來沒有重視過生日，若不是老媽每年派人送來「利是」，我肯定忘了。

我也曾問過自己：何不和大家高高興興地過節呢？但總是提不起勁，我總覺得：一天還是廿四小時，和平日沒有兩樣，為什麼要丟下應做的工作，而無聊地瘋狂一天呢？

有些朋友認為我是「工作狂」，我自己也覺得沒有工作很難打發日子，不知讀者中有沒有我這種「無節」、「無生日」派呢？

1982~8~12

住街頭的故事

香港的街頭，住有不少流浪客，這些流浪客多數精神上有些少問題；我不是說他們有神經病，隨時會揮刀斬人的那種，而是精神上有了困擾，非常固執。

這裏談的流浪客也不是衣衫襤褸，頭髮一餅餅的那種；他或她們通常都衣着整齊，雖然不很清潔，倒還不至嚇人，但一眼就看出他們的不妥，譬如神情呆滯，眼定定，不停地呢呢喃喃等。

我以前住洗衣街時，街邊就有那麼一個婦人，她住在一個鋪位的門口。十多年前那兒是一間書店，這許多年來，店鋪不知變換了多少次經營方式，日前經過那裏，那個婦人卻仍住在那裏。

這種人很執着，有一個時期，曾有公僕把她的一切搬走了，大概把她送到什麼機構裏去了罷，可是過不了多久，她又搬回來了，雖然她的家當少了很多，但她仍要住在那裏，過着平淡的生活……。

日間見她不是呆坐在一角，就是在煮食。她煮食非常簡陋：用自製風爐，燒柴枝，砍柴枝，炊具也不正式，就像小女孩「煮飯仔」般，近兩年則進步到間中食飯盒了。晚間就在店鋪前架起帳幕。她也不工作，就靠人施捨，或拾鐵罐和樽過活。算算看，她在那裏已住了差不多二十年。那間鋪位的業主真是「多得佢唔少」，那樣的鋪位，不經常換人才怪。

我曾經向妻打趣說：「幾十年前她和情人約了在那兒見面，情人沒有來，所以她不肯走，住在那裏，將來要化成情人石的。」

這種流浪客通常亦以婦人居多，她們專揀店鋪門口、樓梯底、天橋底或者街角「有瓦遮頭」的地方來住，一經選定，就很難把她請走。她們通常也不騷擾居民，好像與世無爭，過的是平凡的日子，有一日過一日，也沒有希望，沒有明天，不知道他們有沒有想過「幹嗎要活着」？

這些流浪在街頭的婦人，是否真如我猜想的，背後都有一個動人的故事？

以下是聽來的一段真事：

據說有那麼一個操台山口音的寡婦，靠鉤得一手好冷衫冷帽，拿到街頭去變賣，而養大了她唯一的兒子。兒子事業有成了，而且移民到美國去。當然，老寡婦是要跟着兒子過埠了。在上飛機前，為了報答街坊多年來的關照，她便到處向人辭行，大談「守得雲開」了。

大約半年後，大家竟然又見到老寡婦在街頭賣冷衫、冷帽了，也沒有人知她的兒子怎樣了。她不說話，不傾談，只埋頭地鉤冷。不知怎的，漸漸她也不鉤冷了，不賣衫了，只攤開手向人要錢。後來，她索性住在街頭了，因為方便「搵食」。很多時候，我見她從垃圾堆拾了一些爛的玩具、破罐、雜物⋯⋯擺在地上販賣。再過了一些日子，再也見不到她了⋯⋯。

綠色殯葬
撒灰於紀念花園 回歸自然
Green Burial
Scatter ashes in
Gardens of Remembrance
Return to nature
無盡思念
潮興大藥房
OUTLET

1982~9~12

偏食第一

很多人都有偏食的習慣。午言曾作了一個小小的訪問，除了因信仰關係不食雜的人以外，偏食的人多數不吃魚。

這些不吃魚的人並不是不敢食魚，而是不愛食魚；理由是他們吃得很快，而魚骨太細小了，一下子不小心，就骾了骨。骾過幾次，自自然一見了魚就不下箸，久而久之，就養成了不食魚的習慣。但當沒有其他餸菜，而只有魚時，他還是照食的，小心些就是。

朋友Y君，有一個奇怪的偏食習慣。他不吃雞，不食鴨，更不愛乳鴿，一切有翼的禽類他都不吃，連他自己也不知這種習慣從何時養成。和他吃飯的次數很多，每每見他一知這桌面的肉類，是有翼的東西，他就碰也不碰，如果沒有其他的，他就情願食白飯。甚至煲了雞湯，你叫他只喝湯，不吃雞吧，他也不肯。三四十歲的大男人，偏吃得這麼固執的，數他第一。

朋友們知道他不吃禽類，和他一起外出吃飯，很多時都避開禽類的餸菜。初時有一次和他開玩笑，大家合資外出吃飯，當他去打電話時，我們就叫了雞絲翅、油雞、乳鴿等，以為他無可選擇時，必然要照吃了。豈料他見了一點也不惱，自己叫了一碗叉燒飯陪我們一起吃……。

一次Y君到午言家晚飯，喝湯之際（他最愛喝湯），突然跳起來：「雞湯？」幾個朋友立即激他：「是啊，這雞湯真好味！」

幸好午太好人，說是成兩斤豬肉煲的，他才笑起來：「好甜！好甜！」

還有一次去遊船河，主事的人不知他不食雞，船開到離島的海灣，玩了整個上午，午餐時一打開來，原來是雞翼和方飽。慘啦，Y君只好挨白麵飽。主事人千百個「唔好意思」，卻又幫他不得，附近也沒有什麼賣的。他那天真不好過，我們黃昏才回航呢！

1982~9~22

司機的忍術

一日午言搭的士落中環，車至花園道，司機大佬忽然道：「你可唔可以俾我係希爾頓小便？」

午言為之愕然，蓋司機大佬一向少有禮貌者，午言急應之曰：「可以！可以！」司機戛然停下車來；迅開車門，一個箭步，直竄公廁去也。

巴士站附近有一公僕，居然頭岳岳然，對此停在不應停之處的的士，視而不見。不一會，司機自公廁奔出，雙手猶在拉拉鍊。上車後又道：「多謝晒！」

午言道：「好少司機好似你咁有禮貌。」

司機曰：「好口啲，大家好做。」

午言笑笑口：「如果頭先我話趕時間，叫你唔好屙，你點？」

「冇咁絕情卦！」司機道，「我都唔理啦！我已經忍咗成個鐘，就算頭先個差佬埋嚟抄牌，我都要去㗎啦，二百蚊一篤尿，又唔係未試過。」

「你咁好口，我一定幫你講情者，不過佢都幾通氣，冇過嚟！」

在香港從事司機行業的人士，必須先練「忍術」，已是老生常談的了。一般自由的駕車人士，遇到人有三急，是可以隨時駛到公廁附近，迅速解決。幸運者只是心急一會，不幸考，最多是「牛肉乾」一塊。

但有些駕駛公共交通工具的司機就較慘。的士其實不算什麼，還是屬於半自由的，沒有人客時，隨時可去；就算有人客時，也可以像我所遇到的那位一樣提出要求。最慘的是駕駛有一定路線限制的司機，如巴士和電車等。在交通正常的情形下，還比較好過，一程車頂多四十五分鐘至一小時，可是，一旦遇到交通失事，或塞車時（尤其是經英皇道的），一程車可能要兩小時，急起上來就慘了。

最近聽過一個小故事，據説一個電車的司機，在忍無可忍的情形下，只好讓它「就地解決」。人家問他為何褲濕了，便説是「倒瀉水」算了。

「倒瀉水」可以騙騙業外人士。遇到同行，可就有點尷尬，因此，司機們還是把「忍術」練得高深點較為實際。至於新入行的新丁們怎辦呢？午言可以提供一個小辦法，不知行不行得通，就是：每人準備一個鮮奶樽。一旦忍無可忍，就算是「就地解決」，也不用「倒瀉水」了。當然，必需要非常小心，以免被控「露械」。

也得先此聲明，此法並非午言新創。讀小學的時候，有一位非常嚴格的老師，不准同學上課時去廁所，一些「忍術」低的同學即用此法，帶回來藥水樽一個……。

雖然我沒有研究過一次小便有多少，但估計鮮奶樽總也夠用的吧？至於女的職業司機怎辦？對不起，午言是個男的，想不出辦法來。不過，在生理上而言，女的「忍術」往往要較男性高出很多，想來也用不着此法。難怪近來電車的女司機越來越多了。

特賣場

1982~10~7

紅燭燃亮的中秋

午言是無節派：不喜歡過節，但每逢節日，總給老媽喝令回老家過節。平日甚少回家見兩老，因此，也就趁節日回去走走。於是，不喜歡過節也得要參加做節了。

老家在蘇屋邨，是曲尺型的早期廉租屋，每面十個單位，排得長長的。隔了一個大球場，對面也有一座設計相同的另一座大廈，合起來恍似一個很大的格子。

午言的少年時代，就在這些大廈渡過。那時候的中秋節可真熱鬧，年紀相若的少年們晚飯後，就在屋前的長走廊上奔跑嬉戲的、彈結他的、玩花燈的、兵捉賊的……。有一年的中秋，不知誰發起來合資三幾塊，買來了一百幾十打紅燭，把整層十二樓門前的欄杆，都燃點起來了，先是十二樓，然後是十一樓、十樓，全亮起來了。對面的一座也眼紅了，不久他們也亮起來了三兩層樓。

兩座樓各三層都亮了紅燭，幾十個少年在走廊裏奔馳着搶救行將熄滅或接近用完的燭光，惹來了那百多伙人的歡呼，那種熱鬧絕不是一兩家人的歡樂可比的。我相信從更高的地方看下來，那三個巨型的，光亮的方格子，會是多麼好看。那幾十個少年的努力多麼可貴！

四弟最熱心這個工作，每年中秋一放學回來，他就召集了他那群少年死黨，到十二樓每個單位去募捐，千多支紅燭實在也不少錢的，募捐得來的往住還不夠，自己常常要掏腰包。

四弟之所以那麼熱心，說出來不無原因，因為中秋那天正是他的生日啊，千多支紅燭為他祝壽，如果每年一支，夠他活十世了。每年見到少年們奔跑着燃點紅燭，我就想起四弟，那活潑、好動，愛彈結他，扯直喉頭高歌的小伙子，已定居太平洋彼岸凡十年了。

蘇屋邨已經是超過二十年的廉租屋了，昔年在那裏一起生活的少年們，如今都已步入中年，各自成了家，在別處長了根。留下的，就只有那些昔日是中年的老年人，或者是更新一代的小毛頭。小毛頭們還沒有成長到懂得組織來點紅燭，懷着夕陽心境的老人，也只顧着逗弄小孫兒，搓麻將，喜見合家團聚，誰還記掛着點紅燭？

過年過節的日子，少年時代的老友又聚頭了，可是由於知識水準的差異，工作環境的不同，談話的資料貧乏得可憐，甚至是根本談不來，只能打哈哈，想當年。這兩年回到老家過中秋，最大的感觸是「紅燭已不復當年了」。很想發起一次再來的「紅燭大會」，然而，已年近不惑的少年朋友們，還有那奔跑三層樓，歷時五六小時的魄力嗎？

後記：四弟中學畢業後到洛杉磯升學，在該處落地生根，成家創業。幾十年後我也定居洛杉磯，可惜四弟剛滿六十，即被癌魔所攫，永遠離開我們了。（2022 年 9 月）

1982~10~31

談鬼

幾個人坐在一起，由產婦的床有問題，談到了自身見鬼的經過，說得有聲有色。膽小的女士們，嚇得毛管直豎，卻又要側起耳聽。一個說：「見鬼的人都有陰眼，陰眼通常都是三角形的。」

「是呀！是呀！」另一個說，「我有一個朋友，就是有那樣的三角眼。他們住在一幢戰前的舊樓裏，人人都沒見過鬼，就是她常常見到。她很邪的，差不多逢賭必贏，買馬啦，六合彩啦，都常中，只是……」

「只是什麼呀？」大家緊張地問。

先前的一個垂頭喪氣的說：「只是每次她一把貼士告訴我，那次就不靈了。」大家一聽就哈哈大笑起來。

「你都是別賭了，」我笑他，「連鬼都不幫你。」

「那麼，那個常見鬼的人，豈不是發了達？」

「那也不一定，有時候鬼也不靈的哩！」

「那麼猛鬼？我不信！」我說。

一直沉默的F君說：「不由你不信。我說一段有根有據的事給你們聽吧！

「前些時不是說有一班大學生租住了一間有鬼的村屋嗎？他們其中的一個是我弟弟，他回來說出來，真嚇死人！

「那東西常跟他們開玩笑，有時是故意把燈熄了來嚇人，有時是把人的東西藏起來，卻又突然還給你……那班年輕人也真夠膽，有時把燈熄了，邀他出來，用心靈感應談話。有一次還問他要了號碼去買六合彩……」

「中不中呀？」有人問。

「當然不中啦！」我說，「別插嘴，聽下去。」

F 繼續説：「那傢伙捉狹的時候居多，弄得他們好不煩惱，最後還是由高僧請走了。」

一面聽着，不覺得打了個冷顫，毛管直豎。

1982~11~6

不要半個男人

最近聽到幾件婚變的新聞，其結局無論是離婚也好，變成兩頭住家，分單雙日也好，男女雙方都決斷得乾淨俐落，絕不拖泥帶水。或許是「時代進步」吧，離婚的居多，離婚以後，各有各的天地、前途，也無須再顧忌什麼。

在五個例子中，只有一個是男方分單雙日到兩頭住家去的，理由是個「大的」一向是家庭主婦，不能自立。不然的話，以今日女性的慣於獨立自主，決不會去分那半個男人的。

午言工作的地方，女人甚多，她們多是有工作能力，收入不菲的職業女性。一談到丈夫有外遇，或要多娶一個老婆時，均有同樣的見解，就是：決不要半個丈夫。

其實，這也是對的，這是個男女平等的世界，男人可以多娶一個太太，女人可嘗不可以多嫁一次？

以往我們一聽到婚變，多認為是男人出了事，今日的趨勢已漸有改變。前面所說最近所碰到的五個實例中，竟然有兩個是女人有了外遇的。職業女性決意不要半個男人，然則半個女的，男士們要嗎？

其中一個高級知識分子對他臨走的太太說：「兩年之內妳回來，我不追究。」午言覺得他很偉大，我就做不到。

因為和友人討論婚姻問題，聽到一個有趣的故事：話說廿多年前，有一個男士有了外遇，太太不肯跟他離婚，並說：「無論你在外怎樣攪都得，一定要晚晚回來。」個心變黑了的丈夫，為了一定要和太太離婚，想了一條絕橋：晚晚上半夜在外面睡飽了，早上三四點回來，又故意不帶門匙，拍門把太太叫醒，叫到她晚晚失眠，終於無法忍受而要離婚。沒有良心的丈夫，「英雄榜上數他第一」。

1982~12~2

這是誰的錯

朋友告訴我他上課的夜校有一個精神不健全的學生。二十多歲的人了，完全不知道什麼是秩序和衛生，學業成績低落以外，所作所為往往出人意表，很是怕人。尤其是女同學或女教師，膽小的常遠遠避開。

據說每次上課，教師尚未入課室以前，他總喜歡在課室內遊走，像走馬燈似的。雙手時而擺動，時而搓拳拍掌，口中唸唸有詞，一味傻笑的在課室教壇上走來走去。老師來了，他便像老鼠似的，一下子，奔竄回座位上。雖然坐下了，還是不肯安定。

桌面上從來沒有課本，當全班同學聚精會神地聽講，或是在做堂課時，他依然故我的傻笑。唸唸有詞之外，還經常吐出唾液在雙手上，然後雙手合掌，使勁的摩擦，然後掏出紙巾抹手，然後用手做着一個每次相同的「請進來」的手勢，然後……。

下課了，每次落樓梯，總是戰戰兢兢的。手緊握着扶手，腳則是不停地顫動，每隔一級的震下去，彷彿雙腿全沒有力似的。

這個學生除了行為可怕以外，外表卻是正常的，近六呎高，修長而清潔整齊，面目端正，膚色很白，彷彿一個混血兒。唉，可惜！

放學時，他喜歡纏着老師，說：「你可唔可以幫幫我？上堂前早啲嚟，教教我功課……我之所以咁緊張，係因為睇中咗一份政府工，一定要會考畢業，我又唔夠程度，我之所以咁緊張……」

或者：「我好想離開我嘅家，終有一日我會離開我嘅家……」教師們知道他精神有問題，唯有期期艾艾，點頭頷首，腳下則急急加速，希望甩下他。可是，他的腳程可不慢，死纏着。據説曾有位教師被他纏跟到家裏不肯走，最後還要勞動到報警哩！

除了纏老師之外，這個學生還有很多異行，譬如在馬路中心大搖大擺，橫衝直撞過馬路，考試不合格抱頭痛哭，不能升班要跳樓……等等。幸好我沒有這麼一個學生，不然的話，真不知如何應付。

據説這個學生出身在良好背景的家庭，故此，很多時都有名貴的房車來接他放學。可是，他又不肯搭，情願乘巴士。於是，間中又展開人車角逐鏡頭。正因為他出身良好，大抵父母期望過高，由小即以填鴨式「猛谷」終於「谷」壞了，入「青山」多年，始終無法醫好，父母很失望。更可憐的是他自己和教他的老師們。將一個本來正常的，可以過正常生活的學生，弄到這般田地，究竟是誰的錯？父母的錯？他太蠢的錯？還是教育制度的錯？社會的錯？……這個問題，請恕我無法解答！

1982~12~13

玩笑開不得

亞康携着一疊書極輕鬆地走進來，見亞明正埋頭疾寫，一時興起，悄悄走近去，隨手用書向他頭上拍下去：「乜咁勤力？」豈料一拍之，亞朋居然仆倒枱上，這下可嚇壞了亞康，手忙腳亂，不知所措。

午言一個箭步，搶上去和他合力扶起亞明，只見他面青唇白，幸好不至昏迷。立即有人遞過來一杯熱茶，讓他呷了兩口，幾個小姐也嚷着遞來了白花油……。

擾嚷了好一會，亞明的面色漸漸轉好過來，午言才有機會埋怨亞康：「幾十歲人都唔化嘅，咁樣玩法？個頭嚟架，又唔知自己大力。」

亞康垂頭喪氣的，連聲向亞明道歉。亞明無可奈何：「好彩無事，同你啲咁嘅老頑童做朋友，真係慘！」

亞康一面說對唔住，一面打躬作揖的倒退了出去。大家都想不到那麼輕輕的一拍，威力竟然那麼大，無情力真厲害！玩笑有時真開不過，如果剛才亞明一仆下不醒，那就大件事了。

由這件事令我想起一個愛開玩笑的朋友A君。A每次在街上遇到認識的女士，總喜歡悄悄的走上去，一下子搶了人家的手袋，跑三幾步，然後停下來回頭看朋友那種驚愕的神情。

一次，他在路上遇到了同事「四眼妹」，於是他又故技重施，搶了她的手袋向前跑。可是，還沒有跑幾步，已聽到「四眼妹」大叫「搶嘢」。

A連忙掉頭向她叫道：「喂，係我呀！唔好叫。」豈料「四眼妹」仍然不停地大叫，原來他剛才把她的眼鏡碰掉了。幾名見義勇為的路人立即把A捉住，一個魯莽的還打了他幾拳。A一面捱打，一面向人解釋。可是，沒有人聽他的，直到「四眼妹」拾回了眼鏡才為他解了圍。

1982~12~21

「塵街」素描

午言住在銅鑼灣差館附近，而出版社的字房在北角道近海的那一面，每星期總有兩三次從家裏出發，到排字房去。這段路只十來個街口，乘巴士嗎，兩個站不到，而且兩頭都要走一段長路才到巴士站，駁起來，走的路還長過車行的。其他交通工具哩，只可以走電器道，這條路無論晨昏，永遠是塞車的，車龍排得長長的，慢吞吞地逐吋爬行，比人走的還慢。

因此，每次到排字房去，我都是步行的，才十多分鐘就到。每星期被迫步行兩三次的十來廿分鐘，有什麼好寫的？唉，老哥，你可不知了，電器道由銅鑼灣差館到北角這段路絕不好走。不知你走過沒有？如果還未試過，不妨選一個好日子到這段路逛逛，我保證非常有趣，回來以後一定要從頭至腳洗一遍，全身的衣服都要換過，不然的話，沙虱會咬你一夜，無法暢睡。

香港的街道很多時都愛用那條街的特色來作外號或命名，如石板街、雀仔街、花墟道……其實，這段電器道也可以給它起個名——「塵街」。

這條「塵街」的塵實在多得怕人。所謂塵，即是沙。馬路上滿是，行人路上積得更厚，就是兩旁的建築物，牆上都是積滿厚厚的塵垢。本來是什麼顏色的牆也不再起眼了，遠望去只是一片灰黑。電器道這段，只有一面有店鋪，賣的多是舊書、布匹和其他雜類，店內售賣的貨式不同。然而，它們都有一個共同點：無論賣什麼，都必得用透明膠袋封着，尤其是賣書和賣布的，封得更密。據説，如果不用膠袋把商品封好，只放一上午，就可以在商品上，用塵埃來寫字了。

途中有幾座大廈，大門洞開着，黑塵由街外直鋪到走廊內，我真不明白住在那兒的人怎能忍受。

香港推行清潔運動很多年了，負責的高官們極適宜到這些地方走走，去欣賞一下香港的「清潔」成績，可惜他們就只知道到中環去，到皇后廣場去……。

香港還有比「塵街」更髒、更糟的地方嗎？當然有。我用「塵街」作例子，只因它太接近大道，接近繁盛的商業區罷了。其實這樣的「塵街」，香港多的是，上環電車路一帶，也是一個明顯的例子。「塵街」很多時都洗街，但洗的只是馬路，行人路卻是永遠沒人碰的。加上那一段路有兩個極大的建築地盤，正是塵埃的老巢，一天不知有多少塵灑在路上。地盤是難以控制的，還是請多洗街，呼籲附近的那幾幢大廈，來一次大掃除吧！

每次走在這條道上，看着那捲起的塵，我真懷疑自己走在沙漠裏。為市民謀福利的區議員們哪裏去了？

1982~12~24

天氣很冷

才不過十度左右，在北方是最暖和的日子，在香港，居然冷死了人。為什麼會死人呢？人是這麼脆弱的麼？我很懷疑！以往香港也試過冷死人，不過都在四度左右的天氣下，何以今次會那麼特別呢？直到有一個晚上，我聽到了一對青年的對話，才知道十度冷死人絕不奇怪。

那是一個不很冷的晚上，大概總有十三、四度吧，我穿了件T恤，外面加了件風衣，剛打完邊爐從家裏出來。豐富晚餐的熱能正暖和着我，散步往維園去……。

轉過街角，兩個廿餘歲的年輕人走在前面，他們穿着厚厚的棉襖，彎起了背，雙手穿在袖子裏，在瑟縮着急急腳走。我心裏正笑着他們沒用，那麼年輕，在這種天氣下，居然冷得這個樣子，要是再冷些少，豈不是要整天也捲在被窩裏？於是，疾走兩步超過他們。

走在他們身旁時，聽到其中一個問：「和哥，最近你開幾日工？」

「唉，」另一個說，「一個禮拜至開得四、五日，點夠皮呀！」他頓了頓繼續說：「老婆間廠都開唔足。一家四口，點頂！尤其是呢幾日咁凍。」一邊說一邊摩擦着雙手。

先前一個搖了搖頭：「開四、五日工，好好啦！你知我開幾日？呢個禮拜先至得兩日。」

「點解會咁？」和哥問。

「第日連兩日都唔知有無得開。今日貼咗通告，話喺處做唔夠兩年嘅工友，最好搵定嘢做，因為公司好唔妥，隨時要裁員。而且，為了照顧舊人，無工開，一定係我哋呢班做唔夠兩年者。」

「咁點算？」

「無法子呀！你有無好路呀！點下細佬都好卦！」和哥搖搖頭嘆口氣。

「唔掂又點？呢個唔係我嘅錯，係社會嘅錯。」他苦笑着說。「唔怕失禮話你知，和哥，我由昨晚到依家都未食過飯，無粒米落肚呀！」

和哥大聲道：「又唔早出聲，嚟，果便有間大排檔，我哋去『打冷』！」

「唉！好日唔搵老友，一搵就要幫手，點好意思開口呀！」

和哥道：「幾十年老友，講啲咁嘅衰嘢！行啦！聽日我同你睇睇啦！」

他倆搭着膊頭走了。我呆在當地。

十多年穩定的收入，把捱苦的記憶洗掉了，把往日捱麵包，在冷風中穿着單衣發抖的日子吹得好遠好遠了。

如果沒有飯開，沒有東西下肚，別說十度會冷死人，二十度都會冷死人。如果不是聽到這對青年的對話，我絕想不到香港的經濟環境差得那麼嚴重。想到剛才還在笑他們怕冷，面上不禁發熱。走過一間電子遊戲中心，生意冷清清的，連這一行都有問題了。

1982~12~31

劫匪都「揀飲擇食」

在經濟不景，百業蕭條的影響下，小市民的失業率大增。加上年近歲晚，在「撲水過年」的大前題下，犯罪率是與日俱增了。打開報紙，搶劫的案件，可謂無日無之，不過，讀報紙新聞，或看電視的新聞報告，均是刻板式的過程，毫無刺激新鮮，比之耳聞的繪影繪聲，加插花邊遜色得多了。午言往飲宴，聽來不少有趣的「花邊新聞」，特實錄二則，供讀者茶餘飯後，以助消化。

據說最近之劫匪，除非有線報，知道途人身懷巨款之外，已少有向路人截劫的了。因為一來所獲不多，二來一旦遇到頑固反抗者，容易失手，或者錯手殺人，誤做大案，十分不值。

「大單嘢」呢，又往往要計劃週詳，人手眾多，一個口疏，未做已「領嘢」，也是很難「食」的。如今的劫匪聰明得多，會「揀飲擇食」了。

然則什麼人才是他們的最佳對象呢？

醫生！一方面因為他們身驕肉貴，少有跟劫匪搏鬥的，另一方面是他們身上必然「油水甚足」。因此，最近劫匪們多向醫務所「搵食」。尤其是新區的醫務所，「搵食」易，「散水」也易。據說最近很多在新區內執業的西醫，多準備有三千元，是孝敬那些「大佬」的，因為不夠三千，就要落紅見血，醫生的血豈止值那麼區區的三千哩！

A 就是那樣的一名西醫，他說：「果次真係嚇死我。我剛好睇完症，正想收工，突然兩個大漢押住我登記果個護士衝入嚟，拎住把牛肉刀，對住我郁郁吓話：『醫生，最近我地啲兄弟，搵你支持吓啫。』仲駛講咩，數晒袋俾佢。佢哋一袋完錢又喝住我：『錶呢！金撈就除嚟，「星辰」同「精工」就免啦！』

「咁你隻『金勞』就冇咗啦？」

「講明就多餘啦！我依家戴『精工』咋」A 說。

「你都好呀！」另一名醫生 B 說：「你果班嘢話明要錶，俾得仲抵。我無端端送咗個錶俾佢哋，真係唔抵到極！」

有「古仔」聽，午言怎肯錯過？一追問，他說：「我嘅情形同亞 A 一樣，一收完錢，佢哋大叫『錶！』，我就立即除啦，兩個護士同我一齊除緊錶。豈料他們竟然是掉頭要走，其中一個見我除緊錶，走咗兩步返轉頭，攞埋我個錶至走。你話慘唔慘，我隻『金勞』，粒幾嘢㗎！」

聽者都哈哈大笑，一個更是連眼淚水也「標」了出來，他說：「醫生大佬呀，『標』，係『散水』嘅意思，鬼叫你除唔切。不過，都抵嘅，冇叫你落紅嗬！」

這種「故事」，叫人聽了心寒，如果他們沒有誇大，這是個什麼世界？

1983~1~7

某酒樓的新招

所謂「窮則變，變則通」，辦法是由人想出來的。人到困境之時，必生急智。比如早四、五年，小學生不足，很多學校都要縮班，智囊團就為那些不足人數的學校想出很多辦法來，如送書包、送課本、送校服，甚至送叉燒飯……（也不知是真是假，僅博一笑）。

最近很多酒樓生意不好，陷入困境。於是，智囊團又可大派用場了。有用減價招徠的，有用免茶芥優惠的，有借週年紀念抽獎的，可謂多姿多采，不過，多是「有姿勢冇實際」的。

日昨朋友請食飯於深水埗一酒樓，它的招數卻很新鮮，值得推廣。他們貼了張大紅，上書：「午飯晚市，凡一人消費十五元以上者，送白飯任食。兩人三十元以上，任食白飯以外，加送青菜一碟。十人而消費不低於百五元，白飯青菜以外，再送鹹魚一件。」

由這張紅紙可見飲食業已到了「山窮水盡」之境，「一人消費十五元，即送白飯」可謂抵食到極。一般酒樓「柱侯牛腩」一煲，大概也值十五元了吧，再吃它三大碗，免茶芥加一，一張半即可落樓，酒樓方面究竟有多少落袋？

午言多事，請部長過來一談：「大約係八折啦，兩家好，益食家，我哋又唔使拍烏蠅。」讀者別以為午言作大，亂寫，此酒樓在蘇屋邨側，以「安」字作招牌，不信者可親往試試。

如此賣大包也不是很好的辦法，不如學學北角的一間搞「蛇讌」，七十元一位，坐滿十二人即開一桌，定一晚開全廳，送酒水以外，另有樂隊演奏、抽獎。我見他期期都滿座，雖是執得少，但「山大斬埋有柴」哩！據說此「蛇讌」甚抵，單請樂隊也得要三五千哩！

1983~1~17

裝假鴿

午言上館子，第一怕是要「等」。所以，星期日飲茶，七點半前必到茶樓；食晚飯，則往往是在六點半以前。省下來的等候時間，足夠逛百貨公司有餘。

那日六點半到BB酒樓吃晚飯。翻菜牌，見有特別介紹：「特製豉油皇乳鴿，每隻廿八元」。另有小字注明：每晚由六時起，供應堂食廿四隻。於是叫伙計來，說要一隻乳鴿。伙計卻搖頭說：「對不起，乳鴿賣完。」

午言甚怪，一看飯廳，不足廿四桌，如果說是每桌吃了一隻，也不能賣得那麼快。而且，望過去油雞檔，明明見乳鴿們一隻隻的列隊吊在那兒，等候客人的招喚，何以會賣完？

午言指着油雞檔的乳鴿問伙計，他連聲對不起的說：「那些乳鴿是人家訂了的。」啊！原來吃晚飯除了可以訂枱以外，連堂食的特價乳鴿也可以預定的，午言也真執輸了。

沒有乳鴿，只好改吃另一些菜了。午言和太太在翻看着菜牌，那伙計仍沒有走開，必恭必敬的站在那裏，一手拿着單簿，一手執着筆，彎了腰對午言說：「我們的這隻招牌乳鴿是很暢銷的，每晚六點才推出，不夠十分鐘就賣完了。」

「哦，那麼，那十分鐘之內，豈不是要鬥快落單，真是手快有，手慢冇。」

伙計面一紅，說：「有些是打電話訂下的哩！」

午言再贈他一句：「那你們的電話可真夠忙了。」

伙計漲紅了面：「先生，如果你喜歡乳鴿，我介紹你吃另一種，比較大一點的，四十六元一隻。」

至此乳鴿風波才水落石出，原來那種廿八元一隻的靚鴿，只不過是子虛烏有的，只是四十六元一隻乳鴿的餌。一間這麼旺，又有實質的店子，何苦用到「裝假鴿」這一招呢，很容易引來反效果的。

1983~1~25

去打邊爐

朋友邀吃晚飯，見了面，問去處，午言沒意見，朋友說：「最近有人介紹我去九龍城打邊爐，間鋪頭很有特色，不如同你哋去試試？」天寒地凍，打邊爐最合時。

於是由朋友開車過海，三條大漢，直闖九龍城寨去。一路上朋友極力推薦：「間鋪喺侯王道城寨側，好大間，門面是兩個鋪位，滿；喺行人道上開枱，又滿了；直入過天井，後巷霸了一條街，再滿呢？不怕，從後巷的一條後梯，可直通另一幢樓宇之二樓，打通兩層，計起上嚟百多張枱，一樣爆棚㗎！」

朋友看看錶：「依家六點半，去到我睇要坐行人路喇。」

隨便閒扯了一會，朋友的話題又扯回那間打邊爐的店子去：「佢嘅特色係用沙嗲做湯底，辣辣哋，零舍好味。」

「你去過好多次？」午言問。

「從月頭第一次去，到依家先廿號，我已去過四次啦！」

車到侯王道近城寨處，只見馬路上每邊泊了兩行車。朋友隨意把車靠在路邊，就招呼我們下車。另一個好奇問：「你唔怕抄牌？」司機道：「你同我定。」

到店子附近，已見人頭湧湧。滿以為坐行人路，結果要坐後巷。後巷二三十張枱，頭頂拉着一大串燈，大概可媲美巴黎的路邊茶座。一坐下，伙計端來了炭爐。

「這已經與眾不同了，一般打邊爐用石油氣，點及炭爐咁好玩！」朋友說。

正吃間，突然有人大叫：「抄牌呀！揸私家車嚟嘅去開車。」

朋友立即彈起，和其他十個八個人齊齊衝出去。不一會，人群又回來了。大讚「把風」的了得，大家都無需「食貴飯」。這間打邊爐店，菜普普通通，不過，情調就不錯，「走抄牌鬼」不僅可調劑情緒，更可刺激食慾。

1983~3~30

巴士走錯路了……

早晨六點幾，十號巴士已經擠得很。午言一向禮讓，最後一個上車，剛能擠得上。門在背後掩上，就不能寸進了。司機大佬說：「迫入啲啦，我要睇倒後鏡㗎！」於是，大家都很合作的再擠進去一點，幾經辛苦，午言才擠至入銀機旁。如果不是趕着上班，誰願擠這罐沙丁魚？

終於，巴士搖搖擺擺的開了。車過百樂戲院，突然拐了個彎，跟着前面的那輛十九號轉進銅鑼灣道去。十號原本是應該沿着皇仁書院，傍着維多利亞公園直去的，如今卻突然轉進大坑去，莫非改了道？

我站得最近司機，只見他口中唸唸有詞，我隱約聽到「第一日」三個字。我想：大概司機第一日駕十號，路線不熟，再加上前面有輛十九號，他一時眼花，以為也是十號，就跟着轉進大坑去了。車一轉了彎，乘客立即騷動起來。

「喂，呢架係唔係十號嚟㗎！」

「有冇攪錯呀！十號都轉入嚟！」

「你識唔識揸巴士㗎！」或許因為趕着上班、上學，乘客的心情實在焦急得很，咒罵聲四起；司機大佬一於借了聾耳陳隻耳，默不作聲的向前駛。有些忍不住的立即打鐘要落車，司機有站就停。很多下了車的乘客死心不息走到車頭看看。「都話係十號啦，點解會轉入嚟㗎！」

乘客中有一個聾啞少女，很不幸，看她的樣子，似乎還有點智障，見車走的路線不同，嚇得面無人色，往自己身上亂掏。她一面恐懼而匆忙的亂掏口袋，一面依依呀呀地發着三兩個音節……我很想擠上前去幫她一個忙，然而，無論我怎麼也擠不前去，還讓前面那個打扮得摩登漂亮的小姐瞪了一眼，以為午言「乘機搏亂」。我只好停下來，看她怎麼辦，真是愛莫能助！

她扭動亂掏了一會，終於掏出來了小銀包，打開錢包，找了好一會，終於找出一張紙，拉着站在她前面的一個中年男子，一面依依呀呀，一面指着那張紙。中年男子拿了那張紙一看，告訴她：「未到呀。」她大概無法聽得明，仍然發着聲，搖着那男子的手臂亂叫。

「都話未到咯！」他粗聲粗氣地說：「真係當黑。」少女聽到他一喝，立即跳起來，取回那張紙，死命的擠到車門去，一停站就衝下車去，無可奈何的，含着滿眶眼淚的看着巴士。遲鈍的、蹣跚地搖擺着走。唉，她在清風街和我一起上車，現在才到聖保祿，不過一個站，我肯定她未到目的地。

一個半白痴而又聾又啞的少女，怎可以讓她獨個兒上街？一會兒她怎樣到目的地去？我真有點替她擔心。

1983~4~17

孩子怎樣變壞

最近我接觸過四十個學生家長，大多數都投訴他們的孩子難教、不聽話和性情倔強。我側耳細聽，冷靜而小心地分析，發覺孩子們之所以養成這種特性，大部分來自缺乏關心和教導得太遲。有的則甚至是根本沒有教導過。

譬如一個五年級的家長表示：「我們夫婦倆就只他一個，自三年級開始，都是一早他自己上學，而我們則跟着去上班，孩子放了學，自己在街上吃了飯才回家。到我們下班回家時，已經六七點，吃了飯，疲乏得要死。坦白說，我們根本沒有機會教他。」

孩子十二時半下課，到六七點才會見到家長，這段時間他在幹什麼？好的在家看電視，壞的往外跑，只要算準早過父母回家就行了。十歲左右的孩子，記憶力特強，模仿性最大，社會怎樣就把他染成怎樣，他們往往見得多，成熟得早，壞得透！

這樣的孩子會怎樣？一個學期內，遲到率百分之十。單中國語文四十五次欠功課，欠交率約為百分之五十。上課時隨意站起來，悄悄偷走兩行位找人談話，一拳毆打同學至流鼻血不止，上超級市場偷東西……。教師每次罰他，必大模大樣，恍似大老倌上台般擺動着出來，然後來一句：「使死呀！」的確，不用死。不單不用死，教師連打手板的權力也沒有，頂多罰站。你罰他站，他向你擠眉弄眼，扮小丑惹同學笑。每次到教員室受罰，故作興奮，振臂歡呼當作去領獎……。

這是我今年碰到最棘手的一個例子。偏的是他有小聰明，十科中居然還有五六科合格，不是滿江紅，考那麼三十名左右。留班都未輪到，更談不上趕出校。午言教的是一間中等學校，劣等學校的壞學生，想想也怕人。

有的則是教得太遲，開「硬功」也糾正不來。

一個中年的棄婦，帶着兩個十一二歲的孩子。大概以前對孩子管教得太少，近日發現必需嚴加對待了。因為她上晚班，日間通常在家中午睡，孩子們就趁她午睡時往外跑。於是，她把門鎖起來，以為萬無一失。

豈料睡醒以後，孩子們還是不見了。到她發現窗花被拆了下來時，嚇得腳都軟了，十二樓說高不高，跌下去肯定沒命。跑到樓下去看，見沒有人墮樓的跡象，心才稍為定下來。一直擔心到入夜，兩隻小鬼才玩完回來。故事到這裏結局，她沒告訴我怎樣對待兩個孩子。然而，他們事後照樣間中逃學，功課一樣沒進步。

唉，這樣的學生，這樣的故事，再說一千零一夜都說不完。囉嗦至此，不願再提，就此打住。

1983~5~15

護級大戰

成人夜中的習慣和一般的中學有一個最顯著不同的地方，是容許學生們在上課時吃東西。因為上課的時間是七時，大部分學生都是一下班就趕着來的，多數都未吃晚飯。所謂「人心肉造」，難道你忍心讓他們空着肚子到十點？所以，對於學生們一面上課，一面維他奶麵包，多數老師都是「隻眼開隻眼閉」的。於是，漸漸養成了「上課吃東西」的風氣。

雖然容許他們上課吃東西，但他們也很有分寸，譬如抽煙或吃零食，則從來沒發生過。這兒的讀書風氣也很不錯。試想想：一星期五個晚上，下了班要趕到課室去，到差不多十點才放學，有多少人有這個恆心捱下去？每次一想到這裏，對於他們「超低水準」的成績，只有相顧而笑。無論如何，成人夜中的讀書風氣是好的！學生用心學，老師盡力教。

不知何故今晚的情形頗為特別，多數學生的精神都很不集中，尤其是男學生，神情緊張，如坐針氈似的。有兩個平日很用功的，居然躲在角落裏，悄悄地塞着耳筒。終於有一個女學生忍不住了：「亞 Sir，好嘈呀，我怕有事！」

「好嘈？怕有事？」午言莫名其妙的反問。

「今晚打大波呀，你唔知咩？」

「南華護級大戰呀！」

至此午言恍然大悟何以今晚上課的人少了許多？何以他們

的情緒那麼不穩定？「足球」在香港實在是一項「萬眾矚目」的運動。午言問：「你哋有冇人唔鍾意睇足球㗎？」居然沒有一個人舉手。如果有人統計一下，香港人愛足球多？還是愛跑馬多？應該是一樁頗為有趣的事。

午言是不愛足球的，我的足球水準還停留在「原子呼魯」和「南巴大戰」的階段，大概落後了三十年？

「依家係幾多？」午言問。

「一比一。」塞着耳筒的一個回答。

「一比一唔怕，我哋可以繼續上課。」

……才剛上第四節，還有半小時然後放學，突然有人叫道：「三比二。唔掂！亞 Sir，球場果邊好嘈！」女學生們立即花容失色。

「有事收音機一定知嘅，你哋唔使咁擔心。」雖然安慰了她們，然而她們已全沒心情上課了，因為學校距球場甚近。

又過了十分鐘，同事老馬跑過來說：「校長通知放學，南華要降班了，通街都係藍帽子，暴亂一觸即發。」

立即地，全校學生蜂湧而走，才不過九點半，街上的店鋪全關門了，滿街藍帽子和鐵馬，警車巡來巡去的。銅鑼灣迴旋處一帶，除了警察和我們放學的一群，幾乎一個行人也沒有，街車也甚少。想不到一場波的影響會那麼大！

1983~5~18

壞習慣或小動作

習慣一旦養成是很難戒掉的。試想想你自己或朋友之間有些什麼壞習慣或小動作？咬手指、隨地吐痰、亂抛垃圾、挖鼻孔、抓頭、揑鼻、托眼鏡、摸鬍鬚……。如果你稍作留意，我相信你一定能從身邊的人中，找到他們的小動作或壞習慣。以下的一件小事，你當笑話看吧，不過，那卻是真的。

一次午言在酒樓中去洗手間，見一個六、七歲的小孩萬分苦楚地站在尿槽之前，他的父親在催着：「痾啦，痾啦，唔好想咁多！」孩子苦着面，過了好一會，幾乎要哭了：「阿爸，痾唔出，我真係痾唔出。」

午言好心，走近去問：「痾唔出好辛苦㗎，我睇你不如帶佢去睇睇醫生。」做父親的搖搖頭嘆了口氣不作聲。

孩子哭着說：「阿爸，你放過我啦，准我開水喉啦，我好辛苦。」午言聽到這裏更奇，便留下來看看。那位父親苦笑一下，走去開水喉。

他把水喉開得很猛，水聲甚響，孩子的尿立即排了。過了一會，暢快地說：「舒服晒！」午言笑了起來。做父親的嘆口氣說：「我真係冇晒佢符。以前細個，痾尿唔出，佢阿媽殊殊聲，就立即痾得。以後慣咗，冇人『殊』，就冇法小便，後來佢自己想到辦法，開水喉，次次小便都要聽到水聲，先至痾得，頭先你都見啦！」

「咁奇都有嘅？」

「咁都唔算慘，」那位父親說：「都係佢阿媽累我啦，大便至慘，要我係側邊『唔唔聲』。」

至此，午言忍無可忍大笑起來。「後來我同佢去睇醫生，醫生叫我慢慢訓練，依家我日日要跟住佢去廁所，人地見到以為我虐待佢。」這真不知是誰的錯，奉勸作父母的，切記切記別替孩子們「殊殊聲」和「唔唔聲」了。

1983~6~14

智利小姐

回到辦公的地方，距辦公的時間還有三十分鐘，第一件事是看早報。在報章的某角，看到一張很搶眼的圖片，大抵剛選完香港小姐，熱潮未了吧，老編為這張圖片題名為「智利小姐」。

這位「智利小姐」的尊容真是「漂亮」得可以：伊長髮披肩，剪了個大頭裝，手腳踡曲了靠牆而坐，面無半點笑容。那排白森森的牙卻張口對着你，被零零碎碎的裹屍布掛着的軀幹和四肢，比百年的枯木還要乾瘦。那一副苦瓜乾的面孔，唉，唉…… 原來這是一具在智利沙漠地帶發現的完整骷髏骨，這位「智利小姐」生存的年代遠在一千二百多年前，看樣子千多年前大概不會太醜吧！

其實，小姐也好，先生也好，不用等那麼千多年，三五十年後，或百年後，我們跟這位「智利小姐」相比也好不到哪裏去了，人世的一切虛榮爭來的作用有多大哩！

午言拿着報紙，故作驚人的大聲嚷道：「嘩，你哋睇吓，呢個智利小姐幾靚，靚過啲香港小姐好多。」幾位小姐齊聲曰：「攞嚟睇吓！」

午言將報紙遞出去，繼續看另一份。K 坐得最近，一手接過去。午言還未來得及打開第二份報紙，K 突然嘩聲大呼，霍地跳起來，將報紙和手上拿着的紅筆擲向地上。午言正奇怪何事令 K 大發雷霆，定睛一看，但見伊面青唇白，兩手撫心。大家齊聲問：「你冇事呀嘛？」

伊仍然呆若木雞般站在那裏，過了好一會，口顫顫道：「午言，你想收買人命，嚇死我啦！」啊，啊，真個是冤枉大老爺，那麼「漂亮」的「智利小姐」伊居然說會嚇死人，難道千二年後，妳比得上她？

真想不到無意間會嚇着人，內心過意不去。不，過意不去的應是那位報紙編輯，誰叫他選那麼一張漂亮的玉照，還要叫她「智利小姐」！

1983~6~16

高薪的兼職者

平日上夜校是沒有空堂的，同事們多是「港督時間」，夠鐘就到，一下課急急腳走，大家很少機會聚在一起談談，彼此了解不深。今晚因為考試，學生早就交卷走了，幾個人在閒扯。A是個年輕的小胖子，才二十多歲，是少壯派，有人問他：「你日間在邊處？」

「我日間有幾度嘅。」A說。

「兼幾間？」午言問。

「係呀，我教私立嘅。」

「私立？你有學位㗎，點解唔搵間津貼或者官立？差好遠㗎！」

A笑笑口說：「私校仲好搵！教津貼搵得幾多？我哋啱啱出嚟，不過廿幾點（薪級），得五千幾。」好大的口氣。午言想。

「喂，教私校點搵法，指條路我行吓。」

「你哋幾十歲唔好啦，我咁後生，都係搏幾年㗎，一到三張嘢，就唔可以咁樣搏，好容易冇命者。」A繼續說：「我返早午晚三班。專門教中六，人工多，時間短，三月幾就放假，學生又乖，你話幾好！朝早果間五千幾，下午果間又五千幾再加埋夜校，有萬幾，教津貼或官立點搵？」

「嘩，咁你唔係好發！」

「發就唔係，搵食啫。香港仲有幾多年搵？最多再撈五年就走啦，我父母在加拿大，我已經申請咗。」

「時間駁得啱咩？」午言問。

「啱就啱，不過我日日食麵包，趕得好慘㗎！」

這就是年輕一代的心事了，他們認為香港只得三五年世界，個個都希望長了翼飛出去。他們不信政府，不信公積金制度，有很多人都認為再過兩年公積金是一定無法取回的了，五個巴仙當抽佣！A 甚至勸午言及早辭職，取回公積金去教私校，以免到時一殼眼淚。你怎樣想哩？

B 近四十歲，是個二百磅開外的大胖子，日間在大學裏任教。這裏有一個特點，是所有的教師都頗有來頭（當然午言是例外），粗略算下來，日間有四個當校長的，三個教大學及師範的，三個教署的高官；這班人的正薪，少說都在萬五元上下，何以會為那區區二三百元一晚來捱三小時呢？

B 說：「當然不全是為了錢，大部分係日間工作比較輕鬆，晚上得閒，又唔想睇咁多電視，每星期兩晚，好容易過，可以調劑生活，又有錢賺，你話幾好？而且，大家經常走在一起，有搭子，假期分分鐘可開枱，不至落空。」

不過，如果不是七八十一個鐘，我看他們還是情願在家裏看電視吧？香港人真是搏盡，每分鐘都在賺錢。最近一個做行街的朋友轉行做每天上十小時班的工作，整天嚷着辛苦，這是享受慣了，希望他學學 A 和 B。

1983~9~11

兩則花邊

近日讀到兩段花邊新聞，在享受了閱讀的樂趣後，心頭卻滿不是味，認為值得作一次文抄公，轉述給本欄的讀者，希望大家深思。這兩宗小事，一發生在西環海傍，一上演於油麻地街頭，均和我們的公僕有關。

話說有一日，一般事務隊在西環捉小販。一名賣雞鴨的小販被窮追不捨，只好推着他裝滿雞鴨籠的木頭車狂奔，一直跑到海傍。正是前無去路，後有追兵，小販走投無路，惟有連人帶車，跳入海中逃避。雖然逃過了被捕，卻是雞隻多已溺斃，損失慘重。

很多路人均不值一般事務隊的所為，群情洶湧，曾有極小的騷動，但終於很快便散去。小販的雞隻已溺斃，卻因此博得街坊的同情，大家均以接近原價為他買去死雞，才不至血本無歸，而且得以及時清貨云云。

某日，一位先生途經油麻地，見兩名警員在抄牌。很多過了鐘的汽車，都吃了牛肉乾。其中一個咪錶，還有些少時間，而警員則極不耐煩，用手猛搖咪錶，希望它因此會跳到夠鐘，而且還說：「一於等到夠鐘抄佢牌。」

這位先生不值警員的所為，便上前替車主入了老虎機。警員便惡狠狠的說：「算你夠運。」而這位先生則坦然說車不是他的，只是看不過眼而已。警員聽後即破口大罵云云。

從這兩段花邊新聞看，我們都感到一點是：有些人太過看重權力了。小販阻街，一般事務隊有權，亦很應該去驅散或檢控；但迫到人家跳海，不是有點太過了嗎？警員最重要的責任是維持治安。他們不去巡邏，卻利用時間去抄牌，而且態度惡劣，不分工作輕重，損害警隊形象，是權力的過度迷戀了。

1983~10~12

妖孽臨香江

所謂「國之將亡，必有妖孽」，大亂之前，總是傳說紛紜，謠言四起的。香港近日的情況，對於那些曾經戰亂的中老年「驚弓之鳥」來說，實在是很大的刺激。譬如：一日間股市暴跌，黃金、美鈔狂升，就嚇得他們湧到超級市場盲目的搬貨。不兩天，混亂就平靜下來了，弄到人人家裏都像一間雜貨店似的。

又如謠傳幾間銀行擠提，慎重者就紛紛到小銀行去取消戶口，把資金集中在最大的銀行中。他們認為：如果連這間銀行都垮了，全香港都沒有了。

其實，凡此種種，都是庸人自擾。午言不反對大家謹慎，不過，如果因小小謠言，就弄至自己提心吊膽，惶惶不可終日，實在有點太過了。大多數的騷亂都是由心理因素引起的，如果大家都能冷靜下來，細心觀察，謹慎從事，就不會心慌意亂，自尋煩惱了。

今年「妖言惑眾」之事似乎特別多，先是「某大仙」叫人八月十五不可食月餅，午言沒有研究是什麼原因，我還是吃了一盒三黃白蓮蓉。

跟着又說是銅鑼灣某大廈，大堂牆壁上的雲石花紋出現了怪獸，有人說是五隻狐狸，有人說是水怪，有人說是惡人頭……，不過，以說是狐狸的人較多。

傳說者言之鑿鑿，還說有一個嬰孩和一名老人，在這大廈酒樓擺滿月和做壽之後，都相繼無緣無故的死了。說是今年狐狸精當道降臨香江了，實在荒謬之極。

大家還記得小時候仰望天空看白雲嗎？人家說像綿羊，就像綿羊，人家說像人頭，就像人頭，那全是人云亦云的心理因素而已。為什麼不把事情從好的方面去看看呢？

每次經過那幢大廈，都看到有人在看「牆畫」，傳出這樣的謠言，那間酒樓真是「多得你唔少」呢！

1983~11~18

兩種前所未見的賭博

賭的方式可以說是五花八門的。午言是貧苦家庭出身，生活的環境是低下層地區，對於賭博的各種花款，可以說知之甚詳。然而，近日居然連見兩種賭的方式，是前所未見的。

第一種的表演者是兩個中學生。某日乘巴士，閒着沒事，聽到背後一個學生說：「今次輪到我估，係男人！」另一個沒答腔。過了一會，先前的那個又說：「嗱，我又中啦，一共欠我十二蚊！輪到你估啦，醒目啲。」

另一個說：「我都係估男人！」又過了一會，先前的一個大笑起來：「女人！你又輸啦，十三蚊！」

他們賭的是什麼呢？午言細心留意了好一會，原來他們賭巴士停站後，第一個上樓上的乘客是男還是女，輪流去估一個站。估中一次赢對方一蚊。想來他們必然日日這樣賭，不然那會有十三個站去賭？

中學生用賭博的方式去消磨乘車上學的交通時間，我見的是第幾次了？想不起來，不過，以前見的多是「估輔幣」和「翻書」。

「估輔幣」是每人伸手進褲袋中掏一把輔幣，估中對方的作勝。有全部赢去手中輔幣的，有每局一元的兩種。「翻書」即是每人輪流把書本翻開一次，翻中有圖的作勝。

這兩種花式在午言讀中學時期已經流行過，尤其翻書更可在上課時進行。不過，都沒有這種「估男女」的方法來得簡便，連一點道具也不用，時代真的「進步」了許多。

見到他們如此明目張膽的賭博，有識之士不禁嘆一句「吾不欲觀之矣」！午言也甚感奇怪，難道現在的中學生竟清閒至此？好像並不如此罷？是什麼原因培養到我們的下一代這樣好賭呢？希望一些有心人士除了搖頭外，加上深思！

第二種新的賭博方式是在酒樓內見到的，表演者是兩位職業女性。

A 對 B 說：「唪，我今日就唔得閒過大海啦，妳自己去，預我一半，橫豎妳咁旺。」

B 問：「點樣預一半法？」

A 說：「無論妳落幾多注，有一半係我嘅。賭完番嚟，贏咗，當然有一半係我嘅，輸咗幾多，我俾番一半妳。」

B 抗議道：「咁點得，豈不是我帶一萬銀去，得五千蚊賭？本錢少咗成截，除非妳畀定一兩萬本錢我。」A 又不肯先給本錢，於是兩人在討價還價之後，終於 B 應允給 A 佔三分之一。

這個 A 真是賭迷心竅了，她的這種賭法，輸了九成。試想想，B 如果贏了，回來都可能報輸，A 根本沒法證明真假。B 會不會誠實到說真話？我看十個中找不到三個的吧？她那三分一「凍過冰」了。

1983~11~23

眾多的街頭賭檔

表面看來，如今的公開性賭博較以前少了許多，最多的不過是五步一樓十步一閣的投注站，至於那些屬於秘密組織的大檔，則作別論。

二十年前，賭博在本港來説，是沒有秘密性的，你可以隨意在街頭找到賭博的攤檔，尤其是街市，如果沒有賭檔，可説是奇事。當時最流行的是街邊的魚蝦蟹檔，三粒魚蝦蟹、金錢葫蘆的骰寶，用碗碟蓋着來搖，攤面有下注的圖案，買中即賠，有點似如今濠江大小檔的買號碼。

其次要數的是買公仔，開賭的人在枱面上放三張啤牌：一張公仔兩張字，通常用 K 和孖 8。他先讓你看牌底，然後把啤牌覆在枱上，任意地三張不停地換位，於是你用眼跟着啤牌走，最後停下來，便可以下注在牌的前面，可莊家常看你不留意時，就私下換牌的位置。如果不醒目，很難買得中。

還有一種不知叫什麼名字的街頭賭檔亦很流行，開賭的人手握三支塑膠棒，棒下各有一條紅線繫一個圓圈，因為他用手拿着繫繩的部分，你便不知道哪條繩是哪支膠棒的。

賭的人拿起圓圈，套進上面的膠棒去，開賭者便會張開手，看看是否套中原來繫繩的那支膠棒，中者為勝，機會率是三分之一，賠多少則記不起來了。還有種種形式的街頭賭檔，這裏不過是舉最普通的三種。

這些街頭賭檔當然很假，只能騙騙那些婦孺之輩，尤其是婦女買餸的那十元八塊。如果你中得多了，走不到兩個鋪位，肯定叫人搶你荷包。輸了當然沒問題。講真軍，不比今日的投注站和舊日的字花檔，所以街頭賭檔的生意怎樣也比不上字花。字花之流行，在昔日是遠遠在街頭賭檔之上的。

買字花很像今日之六合彩，也是買號碼。不過，較六合彩易中得多。它是以一至三十六為單位，每次開其中一個號碼，一賠三十。其中一個號碼是「企廠」，即對上一次開的號碼，不用買，餘下三十五個，通買是三十五賠三十，抽水是七分之一。

字花中還有買膽的，每次開字花，都會開一個分數，分子為字花，分母為字花膽，叫做「X 騎 X」。如果買膽，要中「科嘉士」(即指定那個是花，那個是膽)，賠率很高，好像是一賠五百，記得不清楚了。

以前買字花很流行，一日開早午晚三回。字花檔通街都有，它還用三十六個古人作字花的暗示，每日有一對「對」作貼士，貼士貼在字花檔上，讓買字花的人去估。

此外，這些貼士每每見於一些通俗的報紙上，加插漫畫刊出，其流行可想而知。

1983~11~30

即製即賣的食品一流

午言愛食即製食物，直覺上認為即製食物要較已製定的食品好吃得多。而事實上，即製食物除了它本身誘人外，它的新鮮香氣，熱騰騰的刺激，確實引起食慾。

譬如茶樓裏一早炸定的食物，我就沒有什麼興趣。然而，街邊的炸臭豆腐，老遠就聞到了它的香氣，再加上它們漲卜卜的躺在那裏，食神就自自然然鑽出來了。

又如麵包店的西餅麵包，整整齊齊的擺在櫃裏，任它怎樣美麗，也只能吸引我觀賞，讚許一句師傅的技術，卻難以刺激食慾；然而經過一些自製麵包出售的店鋪，只去到街口，已經聞到那誘人的香氣。再見到一盆盆的麵包，一個擠在店前的方型鐵盆裏，即使肚子還飽，心裏還是想買幾個試試。可是一想到現在吃不下，過後它的誘力便會消失，便後悔剛才吃得太飽了。

銅鑼灣鬧市有一間新開的餅店，規模很小，驟眼看進去，店鋪的面積不過二十乘三十呎；它用櫃枱分開了內店和外店，外店不過幾十呎地方，讓顧客站立購物；內店是製餅工場，即製即賣，賣的是新鮮曲奇餅。他們的曲奇，最特出的一點是香，你距離還有十個八個鋪位，早就聞到那種混有牛油味的香氣了。

曲奇有四五款，以朱古力為主，配以花生的、合桃的、果仁的等，其中尤以果仁的最為香脆。賣四十元一磅，也不算便宜，卻是其門如市，大概人客全叫它的香味引來了。

包裝曲奇的紙袋也極具特色，那是一個小型的厚紙袋，內裏配一個膠袋，袋口有紙包的小鐵片，隨時可開或封着袋口。據說用這個紙袋盛載曲奇，可以保鮮十四天。不過，保鮮三天也沒用，一磅曲奇不夠兩隻小東西食兩日。

1983~12~2

阿婆遇劫記

阿婆六十餘歲，由於日日晨運，愛好活動，又識得保養，身體極好，經常單人匹馬出出入入。身體孱弱的後生仔女，見阿婆龍精虎猛，都自愧不如。

阿婆雖然身體好，見識廣，然而談起她近日遇劫之事，猶有餘悸。

此日阿婆辦喜事，晨早就身懷巨款去電髮。正與電髮師傅談到興高彩烈之際，突然衝入四五個彪形大漢，人未到，聲先到：「打劫！大家咪出聲，郁親手下無情！」

幾個劫匪均揚起手中之牛肉刀，阿婆見到閃閃生光，呎幾長之牛肉刀，嚇到手騰腳震。其中一個劫匪大聲說：「嗱，師傅慢慢企埋牆邊，舉高手放牆，人客個個唔好郁，就坐在椅上，我們會埋嚟攞。」講完，其中一個去櫃面「埋櫃」，一個看着那些電髮師傅，兩個就去向人客「收租咁收」。

阿婆坐在最後的一個座位，見他們逐個位收租般將人客的銀包打開，立即想到今晚要來在酒樓找數的那萬多塊。於是，在蓋着白布的裏面，手震震的打開銀包，將那疊錢取出來，插到座位上坐着。

劫匪很快就搜到阿婆處，她剛好把錢坐着，手還未來得及放出來。他大聲一喝：「伯爺婆，有幾多錢攞晒出嚟！」阿婆以為他見到自己收好那些錢，嚇到面青，手騰腳震的打開銀包，

「……冇……冇幾多呀，大佬，得……幾十蚊買餸錢啫。」

劫匪見她嚇成那樣子，以為她怕了自己的聲勢，道：「得幾十蚊，算啦，阿叔大雞唔食細米，算你夠運啦！」

幾個賊人一聲暗號，齊齊散水，轉眼不知所蹤。店內各人大叫打劫，知道無法捉到人，個個大嘆電貴髮。阿婆伸伸條脷，摸着疊錢：「好彩！」

阿婆認為幸保不失，是神靈保佑，於是立即斬了件燒肉回家還神。還認為自己的幸運，財神爺也有份保佑，於是順便在還神時求了幾個號碼去買六合彩，結果不中。

雖然六合彩不中，阿婆仍認為自己是夠運的人，照樣清晨獨個兒出入。此日一走入升降機，一個後生仔從腰間抽出了尖刀：「阿婆，銀包攞嚟！」今次阿婆沒有那麼好運了，全部「繳械」。

原來升降機是向上升的，到了頂樓，後生仔把阿婆趕了出去。阿婆不敢再搭這部梯，落一層搭另一部，豈料一入升降機，再次遇到劫匪。劫匪道：「又係妳，阻頭阻勢，唔走拮死妳。」阿婆嚇到腳軟，一停電梯，不望是哪一層，就衝了出去。

這次遇劫，嚇到阿婆病了幾個禮拜。以後去晨運，都要有伴兒才肯去了。

1983~12~16

滿月「風波」

M 先生夫婦新婚一年後，喜獲麟兒。因為這是長子嫡孫，整個大家族都為此事高興萬分。然而，多了這個孩子，卻也為 M 先生帶來了不少煩惱。

先是母親送來的「雞酒」，太太不肯喝。M 太太是個護士，她認為婦女產後絕不應飲酒，尤其是那些中國製的「土炮」，酒質低劣，過度刺激，可能對產婦的健康有影響。M 先生是個年輕的西醫，覺得太太的意見不錯。於是，在左推右搪之下，終於把老人家送來的「雞酒」悄悄倒了。

因為現在西方推行對嬰兒授母乳，M 太太是個先進的護士，當然效法。豈料因為沒飲「雞酒」，補充不足，奶稀而少，嬰孩餐餐不夠飽，兩個星期下來，嬰兒體重不升反降，瘦了許多。在老人家嚴詞追問下，才透露了不飲「雞酒」的祕密。雖然老人家大發雷霆，媳婦還是不肯飲「雞酒」，不過就同意改用奶粉，風波才告平息。

跟着又來了擺滿月酒的問題。因為家族大，平常大家工作都很忙，如果在閒日請宴，遷就得阿甲，就不了阿乙。所以，逢有喜慶，兄弟們均會提前或押後，總是選週末舉行。於是今次擺滿月，就由母親決定了，在滿月前兩日的那個週末請飲。

豈料 M 先生通知太太外家時，外母說：「『生日前、滿月後』，滿月一定要在過後擺的，怎能提前？」M 先生是個好女婿，於是便回家去請示母親，卻又被母親「省」了一頓，她說：「『生日前、滿月後』說的是送禮，即是人家生日，應該在前一天送禮，滿月則過後也可以送。你告訴她吧，不是說選日子的。」

M 先生無奈，又照樣回報。外母沒出聲，問在哪裏請飲。M 先生說：「XX 酒樓地廳。」

外母立時黑了面，說：「滿月要上高樓，怎能下地牢？我不去！」

M 先生又回報母親，母親也發了脾氣，一於決定如期舉行。擺滿月那天，太太外家果然一個人也沒到，原來外母也堅持她的原則，要在滿月天後，選了間可上高樓的酒樓，女家自行擺滿月酒。

在滿月前的那晚，M 先生夫婦抱着兒子去酒樓時，還是沒有忘記外母的吩咐，在下地牢之前，先抱着兒子乘電梯，上酒樓的上層，轉了個圈，才下地廳去。

午言聽了他的訴苦，說：「你又唔問我，問我，我一定指你去旋轉 66，轉兩個圈才落嚟，香港有邊間建築物高得過佢？」M 先生苦笑了一下。

1983~12~22

送聖誕咭

午言是「無節派」的信徒，覺得過節最為浪費兼無意義，尤其是在過節中被迫參加那些無謂的應酬，或是來往間的送禮，最是苦惱。

每年聖誕期近，總會收到許多聖誕咭，抱歉得很，早在十年前，午言經已決定，為了不增加郵差的負擔，為了不過節的理想，一概不覆。

今年照舊仍收到許多聖誕咭，都是學生們送的。近幾日來，每走進一間班房，總有幾個學生走出來：「先生，送張聖誕咭畀你。」或是一早就把咭放在老師桌上。我照例收下即向大家說：「多謝！不過下次別送了，把精神多用點功，把錢省下來，用在更有意義的地方。我更喜歡。」

儘管我年年叫學生們別送，但他們好像都不懂，仍舊十張八張，十張八張的放在枱上，花式甚多，甚至有些一揭開來就有音樂的哩！

今晚走進一間每週才來一次的課室，一個廿多歲的女孩子問我：「阿 Sir 你個名點寫？」午言一陣錯愕，隨即想到她要做什麼，便把那三個字寫在黑板上。

過了一會，她悄悄地在我不留意的時候，把一張聖誕咭放到枱上。我循例多謝一聲便放進公事包裏。女孩子說：「阿 Sir，依家興立即打開來睇㗎。」我把它拆開來一看，意外地聖誕咭裏，密密麻麻地簽了幾十個人名，原來是全班一起合送的。「多謝晒。咁樣做有意義得多。老實講，我最怕收聖誕咭，全班合送一張，最啱我心意！」我說。

跟着有人說：「咁合你心意，考試嗰陣你識 do 㗎啦，阿 Sir。」

另一個道：「呢啲係『政治聖誕咭』呀！」在大家哈哈大笑之際，下課鐘剛響了。

1984~1~2

退休後讀書樂

午言在某學院有一個「中國現代小説」的研習班，在二十個星期內，學生須要修讀六七個長篇小説，和十餘個短篇，此外還要讀很多有關這些作品的評論文章。和學院內其他課程相比，算是一門很吃力的功課。故此三年以來，每次開班，都不過是十來個人，而能夠捱到學期尾，順利完成的，亦不過十個八個人而已。

修讀這個課程的學生，學歷和知識水準雖然很參差，但有一個共通點：都是廿歲至卅歲之間的年輕人。今年開課最奇特的，是在十來個年輕人中，居然有一個五十餘歲的婦人。起初我以為她一定選錯了科，而且估計她一定讀不了而會中途引退。豈料十多個星期過去，如今課程已快近尾聲了，她還安坐在課室中，每次都熱烈地討論着每一個小説。

不僅午言覺得奇怪，連同學們也感到很意外，何以一位老人家有興趣讀「現代小説」？而且還能和一批做得她兒女的同學一起研討呢？而且，每次研討時，大家都覺得她比一般同學讀得更多、更快和更精細。

終於有一次空閒的機會，她透露了自己：「我們夫婦兩人早年經營一間餐廳，如今退休了，又無兒無女，閒着沒事，出外旅遊嗎？很多地方都去過了。搓麻雀嗎？多了，很悶。難道整天你望我，我對着你嗎？又感到以前讀書太少了，於是便下了決心來讀書。如今我修讀五晚，即是五種不同的學科，日間理家務，讀書，做功課，生活充實得很哩！」

她這番話令午言佩服得很，退休後去讀書，其實真是很好的消遣，而且學費又便宜，一年才一千塊。不過，懂得這樣想的人太少，我們學院裏只一個！

1984~1~13

夜街守護神的故事

很多的士司機都喜歡在晚上把他們的汽車停泊在銅鑼灣屈臣氏大廈附近。這條街的一面有一排車位，都是兩小時的那種，另一面是屈臣氏大廈的樓下停車場。因為在晚間，大廈的停車場全拉上了鐵閘，再沒有車輛出入。於是，街的這面便空蕩蕩的，極適宜暫時「偷雞」停一兩個小時車。

附近還有一個五號巴士的總站，巴士七點就是尾車了，長長的一條街卻也不擺巴士。故此，亦很吸引那些想泊免費車的人士。不過，泊這些車位？要自己常常留意着，不然吃一次「牛肉乾」，就泊貴車了。

午言每次晚上回家，一走到附近，往往會見到周街都是泊在路邊的的士，而司機也不走開，一堆堆，三三兩兩的站在街頭閒談。即使最近天氣那麼冷，晚上的街頭，又近海傍，會在十度以下，而司機們卻仍聚在那裏。

他們聚在街頭有兩個目的：一是等附近正當車位，就算等到了車位，他們還不能走開，一直要等到十點，才可以入了大銀離去。因為車位是兩小時的，難道入了銀等兩小時後再回來入銀嗎？於是，他們情願站在街頭等「十點」。

另一種是等不到車位的，就索性站在街頭等「十二點」，不過，大多數等到十一點半就走了，那半小時照計沒那麼冇人情味吧？

附近的幾條街本來很靜，出夜街缺乏安全感，但因為有這些「夜街守護神」，倒也為婦女們壯膽不少。

或曰：何以這些的士司機那麼守規矩呢？照計入夜後抄牌大佬不很多，博得過呀！何苦要在街頭吹風？你又有所不知了，這兩條街對正銅鑼灣警署，出更入更的差人着實不少，稍一不留神，吃虧的便是自己了。

這天晚上回來，經過五號巴士總站，少說停了二十多輛的士，最奇怪的一點是沒有了聚在街頭閒談的司機們。附近有一所夜店，由奶茶咖啡到粥粉麵飯都有，是的士司機歇腳的地方，或許天氣真的太冷了，他們都湧到小店去消夜，吃其煲仔飯了吧。

午言正走到街中間，見到五個警察出更，正朝街這面走過來，這回的士司機慘了。這念頭還未想完，差人們已各揀一輛的士抄起牌來了。抄完了一輛，再抄第二輛……。突然街的另一面，廿多個的士司機疾跑過來，一面大叫着：「走啦！走啦！不要抄！」

雖然司機去消夜有人把風，然而一兩個人怎能救得那二十多輛車呢？被抄了牌的，三字經齊出，搭着膊頭回去再食那特貴的一餐。未被抄的則攞了個彩，微微嘴走回車內。

1984~1~30

螺殼當碗用

此日午言往飲宴，席中有一味頗具特色，可惜忘了看看菜牌叫什麼，我只管叫它「焗釀螺殼」。用的是一只拳頭般大的螺殼，在開口的地方釀滿了蝦膠肉碎之類，是焗熟的。菜端上來時香氣四溢，釀滿的蝦膠焗得黃黃焦焦的，叫人看了垂涎。

座中一位先生，上了三道菜，他只吃過兩箸冷盆，如今都有了胃口。每人分一只，用碟子盛着，拿匙羹來吃。樣子看似特別，其實卻沒有什麼特別味道，尤其沒有螺味。

這味菜和焗釀蟹蓋沒什麼分別，「蟹蓋」可把蓋敲碎了來吃，而且還的確有蟹味，比它好多了。這釀螺殼卻不能敲碎，吃得很不方便。

何以不要蟹蓋而要釀螺殼呢？我突然想到，就是因為螺殼不能敲碎，比蟹蓋經濟得多，用完可以再用呀。雖然「焗釀螺殼」沒什麼特別，或許因為少有得食，同枱之人大都讚好。食後，那位一直在飲寡酒，少食菜的先生開始大發議論：「依家大家都食完，我至敢講呀，嗰啲螺殼可能都唔知用咗幾多次㗎喇。」原來大家都有同感。

他繼續說：「我怕講咗出嚟，有啲人唔敢食。」

真有那樣的人嗎？其實你再想深一層，一點也不用怕，酒樓師傅不過當它是一隻碗，用完只要洗淨怕它什麼？畢竟螺殼比碗好看。

我們的那圍只十一人，一只剩下來，座中一個把它留起，看樣子要帶走。伙計收東西的時候，數了一數，少了一枚殼，口中喃喃自語：攞走咗一隻，即係少咗一個碗，廚房多得你唔少。

攞走的那位，一於借了聾耳陳隻耳，俕你都傻！

1984~2~13

新正頭老人家去拜車公

每年年初三，馬場爆棚的同時，沙田車公廟亦必然擠滿上香的善男信女。午言並非善男，更非信女，當然沒有在初三到車公廟進香的閒情。不過，據說年年往上香的人數，沒有十萬，也有八萬的。因此，其擠塞程度，是很驚人的。想來廟方的進賬相當可觀。

今年報載說往車公廟進香改行了新法，每次僅讓百多人進廟，故能「排隊上香，秩序井然」。可是，信眾就得輪候三四小時，才能進廟了。這段消息對午言來說本無一點吸引力，不過，我所認識的四位老人家，是日亦正往車公廟進香，回來將經過告知午言，實在值得向大家說說他們的經歷。有無誇大則非我所知，午言不過據實向大家敘述而已。

是日也，午言晨早和四位老人家飲完早茶，九點多，他們即自北角乘的士直趨沙田。據說去到沙田已經十點幾，但見到處都是善男信女，喜氣洋洋，拖男帶女的瞧着最多人的地方慢慢走去。人潮漸漸聚起來，循着圍了鐵馬的路走了一會就停下來等候。直等候得腿也酸軟了，才由守秩序的藍帽子放一批人。一面放人，藍帽子一面叫：「大家守秩序，不要走，不要推，跌親唔拜得神㗎啦！」

如是者放了一批人又一批人，過了一個關卡又一個關卡。然而，車公廟還在遠遠的那面，路像是走極也走不完的，目的地只能望着，卻去不到似的。

一小時過去了，兩小時過去了，老人家們開始後悔，覺得來錯了，很想調頭走。可是，人潮一味向前，那容後退？越向前去，人越擠迫，想轉一轉身，深呼吸一下都難，遑論退卻！大約每隔十來分鐘，人潮中即會起一陣騷亂，因為有人昏倒，要由藍帽子召十字車抬走。前前後後他們已見到有十幾個人被抬走了。四位老人家均年近七十，也真虧他們「頂得順」。

藍帽子們在鐵馬外，一面巡邏，一面大聲叫道：「唔怕唔好意思㗎！頂唔順立即出聲，好過暈落地，大家難做！」果然有不少人舉手，藍帽子們從鐵馬外爬進去，一二三的扶了他們出鐵馬外。有些較神心的，即跪在地上，向車公廟那面納頭便拜，叩頭合十之後便走了。

藍帽子們乘機説：「係囉，喺呢度拜一樣嘅啫，菩薩知道你神心，唔會怪你嘅！」於是，又有一些人舉了手走去就地跪拜。

排到下午兩點，已經站了四小時，望望人龍，不過走了三分一路。老人家們估計非要到六點至七點才能輪到，到時別説拜不到神，排七八個小時隊，餓都餓到腳軟啦，於是齊齊舉手求救，藍帽子們立即擠過來幫他們。四個老人家三個都很瘦，比較輕巧，一個警察幫幫忙，就爬到鐵馬外了。其中一個二百多磅重，則要勞動四個藍帽子，才能把她舉到鐵馬外。四個老人家向車公廟合十拜了幾拜，即轉到「龍華」開枱食乳鴿去了。

其中一個道：「早知係咁，打多十二圈好過！」

午言為這「進廟新法」算一算今年上香的人數，以每五分鐘百五人算（即每一輪人），旺三十小時，也不過五六萬人，人數肯定少不了。

1984~2~17

像大牌檔的「大聲公」飯店

一個假日的傍晚，我們在灣仔找地方晚飯，慣常去的那間飯店早已「爆棚」，雖然伙記堆滿了笑容招呼我等一會，可是午言最怕等食，還是走了出來。到哪裏去呢？還未下定主意，突然傳來一陣「必必剝剝」的炒菜聲，和夠晒火候的菜香立即引起了我們的注意。「大牌檔？」我向大家徵詢意見。妻沒有異議，孩子們卻不知所謂，於是，我們就在附近的那檔「很夠鑊氣」的街邊大牌檔坐下了。

這是一連兩檔大牌檔，賣的同樣是晚飯小菜，看來競爭也不少呢！馬路的兩旁都擺滿了一張張圓桌子，幸好這裏的店鋪也很早關門，才不過七點，全拉上了閘。客人們可以在行人路上坐得很舒適，不怕有人出入，也無需在吃食中被人請「借歪」了。

隨意的點了幾味街坊小菜後，便可以任意的欣賞街景了。其實我是頗喜歡「大牌檔」這種街頭食館的，它們的東西多數熱騰騰，有鑊氣；除了質素稍差以外，味道通常都過得去。而且，一面進食外，還可以一面欣賞街景，實在媲美外國的街頭茶座，唯一的缺點只是衛生問題而已。可惜住處附近甚少這種晚飯式大牌檔，而且鮮有滿意的；這很使我懷念起昔日旺角的「大聲公」來。

「大聲公」的店子叫什麼早忘了。十多年前，店開在西洋菜街，剛好在皇上皇背面。地下連閣樓，小小的一間飯店，卻是晚晚高朋滿座，熱鬧異常。主理這間小店的是個五十開外的禿頭胖子和他廿餘歲的兒子們。因為他埋單、寫菜，叫飯時的聲音宏亮，故午言暗中呼其「大聲公」。

「大聲公」飯店怎樣和「大牌檔」扯上關連呢？因為他的飯店無論在價錢及形式上都像大牌檔。先談價錢，那是六七年左右，午言最愛他的「啫啫排骨煲」，才賣二元半，白飯是兩毫，恐怕比街邊還要便宜。那時我們兩個人去晚飯，十蚊已是很豐富的了。

形式上就更似大牌檔，店鋪的入口很窄，門外排滿了火爐煲仔，菜料用架在門前一疊疊的排掛着，飯枱直開到街上來。那時候我們常常在他那裏開餐，不過，晚飯要吃得很早，晚了甚難搵位。自從「大聲公」關門以後，似乎再沒有一間這種店子令我懷念了。

今晚我們點了四個菜，當然有「啫啫骨」。埋單是六十有找，比起往日，銀碼當然大了很多。然而，在酒家裏，這個數目吃不到兩個菜哩！

1984~3~19

想起「寶生」劫匪

每次在街上見到大男人抱着熟睡的嬰孩走過時，我都會想起「寶生銀行劫匪」。這個寶生銀行劫匪，不是前些時候在中環做案，槍戰至北角，後來在大坑被擒的那批；而是發生在十多年前的那次。

那是一九七四年的老事了：那時候香港社會沒現在那麼混亂，「打劫銀行」是很大件事。一個劫匪在早上持槍闖進了旺角上海街的寶生銀行，豈料在行劫間事發，警方行動極迅速，在劫匪來不及逃走時，整間銀行已被包圍了。劫匪無法突圍而走，於是挾持銀行內職員，與警方僵持了十數小時才被捕。這樣的新聞前此我們只從電影中看過，實際生活中卻是頭一遭。那時候實在轟動了好一段日子。

事隔十多年，大家可能都忘記了。甚至當日做案的那位，恐怕也服刑完結了，可是，對我來說，卻是記憶猶新，印象深刻。那時候我們住在旺角，距「寶生」兩三個街口。女兒是一兩歲光景，每日上班前，太太把女兒送到住在深水埗的母親家裏，午言下班較早，到母親家接孩子回來。

那日我們一早上班，完全不知道劫案的事。我接了孩子，仍舊乘小巴回家。車到荔枝角道停了下來，等了半小時不能開，孩子都在懷裏睡了。小巴的收音機傳來劫案的新聞，午言心想：不知雙方要僵持到何時，於是下車步行回去。橫抱着熟睡的女兒，走走停停，停停走走。由石硤尾街走到登打士街，回到家裏，雙手酸軟作痛，老婆大人跟我「卒」了幾日跌打酒還未好哩！

那是我首次感到父母偉大！

1984~3~26

他真是「飛天蟻螃」

朋友在將近天亮的時候被太太推醒了，說是她聽到客廳裏有異聲。朋友側耳細聽了一會，卻是聽不到。怕了太太的嘮叨，還是爬起床來，擦着睡眼，跌撞着走出客廳去看看。

還未來得及開燈，已聽到有人輕叱一聲：「咪郁！唔好開燈。我有槍㗎！」朋友當堂清醒過來，透過窗外射進來的光線，果然見對方手握着類似手槍的物件，不敢輕舉妄動，卻仍能鎮定地說：「要錢即管攞，唔好亂嚟呀，大佬！」

獨行賊於是將他們夫婦倆扮了蟹，大肆搜掠一番。看來這是一名慣匪，他只要錢和貴重的飾物，如相機等較大件的都不要，要的全是能袋落袋的。搜完了，他借了朋友件晨褸穿上，完全是「街坊」裝束，說：「我走咗十分鐘後至好掙扎解繩，如果唔係，我番轉頭，大家唔好玩。」

看着賊人開了大門長揚而去，朋友夫婦立即試着互相解繩。終於忙碌了十來分鐘，才解脫了繩，落到樓下管理處，賊人早已施施然離去多時了。據說出門口時還和看更打個招呼，說去買報紙哩！

事後從管理處得知不只朋友一家遇劫，這個獨行賊居然光顧了三層住客，只朋友一家醒過來，被劫之餘，還受了虛驚，算是倒霉之極！

我們聽朋友口沫橫飛，講述他的被劫後，有人問：「我記得你住廿二樓㗎，個賊點入嚟㗎？」

朋友咽了口氣說：「真係想唔到，佢係由窗口爬入嚟嘅，我哋被劫嘅嗰幾家，都係冇窗花嘅。」他頓了頓繼續說：「後來六樓有個細路女說，佢半夜起身去廁所，見到有人在窗外爬過，話畀阿媽知，大人卻唔信。如果佢哋信，大家就唔駛咁慘啦！」

「由樓下爬上去？」午言奇問。

朋友說：「係啦！爬到冇窗花果層，就入去偷。」

午言認為沒有可能：「你試想想，唔好講話爬上去，如果停電，叫你由樓下行上去廿二樓，你仲有冇氣？何況是爬？而且，偷完一層又一層，連偷三層，邊個有咁好體力，你估真係超人乎？」

朋友摸摸頭，仍不服氣，說：「或者係果啲當過軍，訓練有素嘅綠印客都話唔定。」

午言道：「如果佢有咁嘅體力同身手，使乜偷住家？橫豎搵條命去搏，好多嘢好做啦！」

然則賊人從何而來？有人說是從天台垂繩而下，不過沒有發現繩。況且，如果真是爬，爬上是易過爬落的，樓高三十幾層，由上面落會腳軟。唯一的解釋是：賊人有鎖匙。住新裝修的房子，切記要換鎖。還有一個可能：他真是「飛天蟾蜍」！

1984~4~4

隧巴內

有一晚從旺角乘112返，剛好碰上酒樓散席，人擠得很。幾經辛苦，午言始擠得上車，在橫排座位前佔得一側側身的立錐之地。

前面的這張橫椅上坐了一排人，惹我注意的是兩位老人家和一個年輕的小姐。老人位在最邊，另一面坐着小姐，老婦則側側身在兩人之間擠坐着半個屁股的半站半坐着，是超額座位。一對老人家是相識的，小姐卻是陌生人。車行了好一會，小姐首先開腔，對老婦笑笑口説：「亞婆，睇妳唔出年紀咁大，仲咁好精神，身體好好喎！」亞婆聽到有人讚，很高興，裂開嘴嘻嘻笑着應和。

午言看看她，亞婆確實老得可以：滿臉電車路，紀錄了不少風霜，可是頭上卻只是斑白，油光光的束了個老人髻，微彎的背，襯上一襲高貴質地的長衫，顯然生活過得不錯。

老人插進口來：「你估佢幾大？估唔到？佢係我家姐。我今年已經七十，佢大我十幾年，八十幾啦！」

「嘩，好犀利喎！」小姐驚異地問：「咁你咪係清朝出世嘅？」

亞婆點點頭：「我出世，慈禧都未死！」

突然，另一把聲音插進來：「我哋三個加埋二百幾歲啦！」

午言看過去，原來還有一個老婦站在我身邊：「三個最細係我，六十八！」

小姐笑笑口說：「怪唔得啦，妳哋三個隻耳都咁長，人哋話耳長、長命！」

老人說：「我哋兩個都唔及佢，八十幾歲重通街走，一時係沙田，一時係觀塘……」

他們一直談到過海，第一個站，最老的一個自己下車回去了。午言非常佩服這位廿多歲的小姐，她從來沒想過讓八十幾歲的亞婆坐好一點，也從未想過讓座給那六十八的老婦！

1984~9~12

急症室進步了

假日和孩子們到中環某餐廳吃中午的自助餐。才開始了不久，孩子突然覺得胃不舒服，想吐。妻匆匆忙忙帶他進洗手間去。不一會他們就出來了，可是，妻和孩子的神情有點緊張；孩子還哭喪着臉，用手掩着嘴走。

「沒什麼事吧？」午言問。

妻噓了一口氣說：「讓廁板割傷了。」

「廁板割傷了？」午言奇問：「傷在哪？」

妻說：「一進去，他就想吐，我怕弄髒了人家的廁板，伸手去拉起廁板，豈料剛好他彎下腰來張口想吐。廁板太薄，把唇內的牙肉割傷了。在流血。」

我把孩子拉過來看看，雖然血流得很慢，卻是不止。向伙記要了杯冰水，叫他含了一會，把一粒方糖壓碎了，散到牙肉上，血似乎慢慢的止了。忙了一陣，大家都沒心情吃，匆匆填飽肚子走了。

回到家裏，孩子自動上床去睡午覺，我們則分別忙自己的。傍晚時分，午言正在書房裏看書，妻突然把孩子帶進來，說：「血還未止呢？」午言拉開他的上唇看看，果然還在流血。

「看醫生去吧！」午言說。

「是假期呢！」妻焦急地說。

沒辦法，我們只好把孩子帶到急症室去。這孩子去年去過一次急症室，當日怕得一面哭一面叫的，今次卻是一點聲音也沒有，是經驗豐富了。

急症室裏熱鬧得很，除了病人以外，還來了大批記者，說是有什麼大人物被人報復斬傷了，排櫈差不多坐滿了人。雖然人很多，秩序還是很好。我們不過等了十分鐘，就有醫生來看，止了血，還替孩子照了 X 光，確定沒有大礙才放人，足足忙了個把小時。這次去急症室，感到政府在這方面的服務進步了很多。

1984~9~19

燒味店內午飯

午言在街外午飯非常隨意，可以到餐廳食五十元一客的吉列大蝦，也可以到大排檔捱六個半一碗的叉燒飯。沒有很大的選擇，是去到那裏就食到那裏，只要能填滿五臟廟即妥。

此日午言在西環一間低級燒味飯店吃飯，突然進來一家三口子，坐在鄰枱。男人已經六十幾，頭髮黑白相間，赤了上身，與人的印象已沒有肌肉的感覺，黝黑的皮膚在身上，頗像極不稱身的大象底摺皺的外皮，繫了條唐裝黑褲，拿着個小販收銀袋，剛歇午的樣子。

女人比較年輕，也已近五十，瘦小的個子倒像個老太婆，短短的雙色頭髮，像一叢搗亂的枯草，廉價的次貨外衣一堆堆污漬，令人懷疑她是否剛修理過汽車，或者是個辛勞的垃圾婆。一坐下，女人咧開口，現出隻有隻冇的牙傻笑。給人第一印象——遲鈍。

孩子是個女的，看上去總有四五歲了，卻是依依呀呀的只能發單音，還未會說話。坐在櫈上極不安靜，轉來轉去的。直到正面轉到朝向我這面，午言看到她遲鈍的程度，比她底母親尤甚，是接近嚴重智障的。

對於他們，我絕非厭惡，但一個智障的人，生正常智商的孩子的機會率是多少，想來總該很低吧？日日在維多利亞公園散步的一個低能年輕婦人，時常帶着三個孩子，看起來，智能一點不比她高。我親眼看着她一年一個的，如今又挺着第四個肚子了。

那個男人把褲管拉起來，擺到另一張櫈上，老天，皮膚病由腳眼蔓延上去。我突然想到：他以前是否用我這張櫈放過腳呢？心裏不禁發毛起來。

1984~10~8

鬥氣的故事

最近聽來一個夫妻鬥氣的小故事，頗覺有趣，遂記如下：

S 先生夫婦冷戰已久，但都沒正面衝突，缺乏刺激性。最後 S 先生想到一個進攻的方法，其時 S 太太正追某晚報的一篇連載小說，晚晚非看後不願上床的。

S 先生下班早過太太，一回家，立即把報紙的那段故事剪下掉了。S 太太打開報紙，只見追看的小說開了「天窗」，雖然氣得要爆炸，可是卻也不動聲息，苦思對策。

S 先生日日趕回家剪報，暗自偷笑，然而太太卻沒有反攻，剪得十餘日，甚感沒趣，只好自動放棄。

轉瞬已屆深秋，早晚天氣較涼。是日 S 先生打開衣櫃，取件毛衣穿上，對鏡一照，發現前後均開了「天窗」，急翻第二件，第三件……原來件件都開了「天窗」。S 太太也真夠狠心，S 冷病了。

關於 S 夫婦的鬥氣，還有一段有趣的小故事。

S 的外父是個股票經紀，故此，S 常在他開的那間股票行炒股，由於老外消息靈通，而常有「斬獲」。

話說有一次 S 叫老外放了一隻股，賺了很不少的一筆，可是，還未來得及收錢，就因為公幹而飛了去外地。錢收回來後，老人家並不知道女兒跟女婿正在鬥氣，便把錢交女兒。

S 太太收到了錢，知道是 S 炒股賺的，滿心歡喜，並且立即想到了使錢的方法。她跑了一整天傢俬店，把那幾萬塊全部花掉，將家裏的傢具通通換過，裝修得挺輝煌的。

半個月後 S 回來，知道自己賺的變成蝕了，連老本都賠上。這位每天只吃三個麵包當午飯的孤寒經理，肉痛得鎚心鎚肺。

1984~10~24

教學表演

這個星期我們有部分同學被派到學院附近的一間小學去作「教學實驗」。這個「教學實驗」其實很簡單，不過是去上一節課；和一般上課稍有不同的是，同學在講壇上上課，而導師則和十一位同學，坐在課室的後排，欣賞他的「表演」。此外，其中還有些被挑中的要錄影，把他教學的過程錄下，然後回到學院去，一面播映教學的經過，一面互相研討，並將心得寫成報告。

到學院來上課的同學，差不多全有十年以上的教學經驗，上課的節數超過萬節以上，但從來未試過有那麼多參觀者的，因此，部分演出多未如理想。有些更弄得手忙腳亂。

「表演」成績不好，和學生的不守秩序關係最大。試想想：有十三位老師在的課室內，那群「馬騮」居然夠膽隔着課室通道串橡筋繩，真當先生冇到！

有一位同學的「表演」據説很精彩，不單同學翹起大拇指叫頂呱呱，就是導師也認為「冇得彈」者。午言聽後，也肯定他的表演一定不錯，因為「準備很充足」。

你知道他怎樣準備這節課？怎樣表演嗎？當然他有擬好的教案，寫好的字咭，準備好的教具。最精彩的是這節課的「活動」。

他教的是一首小詩——〈唱歌的小河〉。為了教這一節課，他作了一支曲，譜了歌詞，錄了音，帶着結他。教語文課，卻配合了活動，連帶教了音樂，學生學得很開心，因為有歌聽，有歌唱。

午言不敢反對這樣的教學，但，為了上一節課，他作了多少日子的準備呢？請大家去算算。最保守的估計，二十個工作小時！一個小學教師每週要上三十五節左右，有沒有人會用這麼多時間去準備一節課的呢？

1984~10~26

何以為人師表

兩個一年級的小朋友不知何故比武起來了；大家年紀相若，高矮差不去多遠，比試下來當然互有勝負。這是低年級中常見的事，下一個休息，他們又會忘記了一切，和好如初的了。

可是，其中一個比較柔弱的，帶着淚雨到老師那兒告狀去。老師見他楚楚可憐的樣子，又夠膽來投訴；而且，對方又確實長得比他壯健，於是，「保護弱小」之心油然而生，不問情由，便肯定了壯健的那個一定是錯了。

一年級的小朋友根本未能用口語詳細而正確地表達自己，及複述事情的經過，再加上老師先入為主的觀念，於是，不用審就定了罪。較壯健的那個孩子，給罰站了兩節課。一個五六歲的孩子，是否能罰站一小時又十分呢？相信很多成人也辦不來，然而，這個孩子就站了。而且，我很相信，他根本不知道自己為什麼要罰站。

第二天，母親送孩子去上課。一路上，母子倆還是有講有笑的；可是，到了學校門前，孩子卻賴着不肯進去。孩子們一向是熱愛學校生活的，何以會一反常態呢？在母親細心的套問下，孩子才能斷斷續續的吐露事情的真相。

原來老師在罰完了孩子站以後，把他拉到講壇上，指着他對全班同學說：「呢個人咁曳，你哋全班同學，以後唔好同佢玩。邊個同佢玩，我就罰邊個！」

果然，在老師的威嚇下，全班學生沒一人敢接近他。對五六歲的孩子，老師居然用了這種厲害的「孤立政策」，不知這位老師平日對同事朋友，是要哪種手段的呢？

母親想想不是辦法，便哄孩子到學校裏，找來了同班較大的同學，問問他老師是否這樣說。同學說：「係呀，不過我唔會聽佢，我會同阿 XX 玩㗎，我哋一陣又玩過。」

母親把孩子帶到老師跟前，目的是要孩子向老師道歉。可是，孩子一見到老師，嚇得縮在母親身後。老師一睜燈籠般大的眼睛，便向母親數孩子的不是，連珠炮轟，絕不容許人家說話。

母親等了許久，終於得了個機會說：「我很少喝罵他，因為他膽小，一喝他，哭了，時時會嘔。」

老師不理，繼續喝罵，孩子突然嘩啦一聲，嘔吐出來了。老師一手指着他，大罵：「你唔好嘔！吞返佢，再嘔出嚟要你食晒佢！」

母親也沒時間理他，趕緊替孩子清理。

這是老師麼？一位老師是否可以這樣對待一年級的小孩子？午言告訴你，這是一位名校的老師。這也是私立名校的弊端，雖然他們有很多自由，可以用任何的教學法，但，師資實在太差太差了。

1984~11~12

標語

今日午言決意做一次文抄公，以下的標語，是抄自某教育學院飯堂的。如今的學生們，言論都很自由，這些標語，是貼在飯堂的牆上、餐枱上的。同學們可以讀到，老師們當然也可以看到。午言覺得這些標語很有意思，特別抄了幾題，供教師和為人父母者「欣賞」。

「老師，請您經常給我一點鼓勵，不要讓你的要求，超過了我的能力。」——名校的老師們，或者，有兒女在名校內就讀的父母們，你們有沒有過度的要求，而忽略了，限制了孩子們的活動，剝奪了他們的「天真」呢？

「老師，請您不要單看我的成績，請您更要看看我所作的努力。」——你試過用成績去衡量學生嗎？

「老師，您也須要學，您不學，我怎樣從你那裏學到更新的東西？」——你沒有進修多久了？有多少年未吸收新知識？是否教了十幾年書都捧着同一本課本？用同一部筆記，而從不加進新資料？最近有一位老師問我：「你知道『三輪書店』在哪裏嗎？聽說『三輪書店』有很多書賣。」對不起，我只認識「三聯」，未聽過「三輪」。

「老師，請您也記得，不久之前，你也是學生，您是否有時也會忘記帶東西，在班上您是否樣樣第一？」——同樣的，為人父母者，不久以前，你也是別人的兒女，你有沒有樣樣都做得妥善，即如你如今要求你底兒女所做的一樣？

「老師，請不要將您惡劣的情緒和掛慮傳給我們。」——你有沒有因股票上落的不如意，工作上的失意，馬場上的損失，帶到課室去，帶回家裏去，叫孩子們承受壓力？

「老師，請您也把我當人看待，而不僅是你記分簿上的一個號碼。」——對於你的學生或兒女，你了解嗎？他們愛好什麼？他們時常跟些什麼人來往？你們有沒有坦白的交談過？你們之間有無互築圍牆？或者以鴻溝分界？

「老師，請不要隨意下斷言，誰是誰非，直到您瞭解了全部的事實。」——有時，孩子們會很小器的，切莫因一時的不耐煩，做成「冤獄」，他會恨你好久、好久的。

「老師，希望你常是一個有感情的人，而不僅是一架教書的機器。」

「老師，請您不僅僅教書，而是教我們做人。」

——請問你讀完這些標語，內心有沒有懊悔？請問你有沒有時常檢討自己的所作所為？請「大父母主義」的父母們，「大老師主義」的老師們深思。並記着「你和孩子都同樣是人」。

1985~1~12

夜歸的一家

此日午言有應酬，夜歸。跳上巴士之時，已過午夜。剛坐定，上來一對年輕夫婦，最令午言詫異的，是他們還帶着個七八歲的，穿着校服的小學生。無論上午班或者下午班的小學生，這時候該早就進入夢鄉，可憐這個孩子還得跟着父母奔奔波波，他們的日子一定不會好過。

這令午言想起往昔一段日子，那時候孩子還很少，不過讀幼稚園，我們天天一早起來，天還未亮，就出發把她送到祖母那兒。我們下了班，辦完了事，再到母親家接她回來。每天總是披着入夜的暮色，隨着下班的人潮湧回家去。在整日的疲勞底襲擊下，孩子時常困倦得在我的臂彎裏睡去。直到經過長途跋涉，終於回到該下車的站時，推醒她，父女倆手牽着手，提着書包，跌跌撞撞的下車去。

那時候我們回到家都不過七點，怎麼也比不上這孩子慘，如今已快淩晨一時了。他們一坐下，孩子就倚着車靠板瞌上了眼，很快的就隨着車的節奏，慢慢地搖擺起來。這時，我才注意到那對年輕夫婦的談話。

「……真唔抵，咁都食唔出，一開牌，已經五對萬子，碰幾碰就叫胡啦！」

「叫乜鬼死嘢呀，人做萬子，你又學人做，對到死，話咗叫你睇實我做乜，你就唔好做啦。」

「對唔住，老婆大人，」男的嬉皮笑臉的說，「我昨晚都聽晒你話啦，不過，呢鋪實在靚過頭。唔好嘈，明晚再去過。」

原來晚晚如此！午言不禁搖搖頭。孩子明日用什麼精神去上課呢？下次見到學生偷偷睡覺，先別罵，問清楚，孩子好冤枉！

1985~1~20

兩個媽媽的爭執

最近聽到一段這樣的故事：

話說十年八年前，一位才十五六歲的風塵少女玲玲，誕下了個不知是誰經手的女嬰。因為不能帶着孩子去撈，家裏沒親人可託，卻又捨不得把孩子掉了。正一籌莫展之際，卻來了救星。原來同住一層樓的一位中年太太沒有兒女，對她的孩子卻像有緣似的，喜歡得不得了，常常過來看她，逗她。於是，玲玲就把女兒交這位陳太照顧。表面上說是託管，可是，玲玲一直沒給陳太錢，甚至連奶粉錢也付不起。只是放工回來，就看看孩子，抱抱她。

過了段日子，玲玲大概找到了人，搬走了，就很少來看女兒。三幾個月才過來走一趟。次次回來，身邊的男人都像走馬燈的換完又換。而陳太見玲玲好像根本不喜歡孩子，索性把孩子養了下來，要她叫自己「媽」，叫玲玲則是「媽咪」。

孩子漸漸大了，花費也水漲船高，不單是生活費，還來了幼稚園的學費。陳太本身環境並不很好，多養了這個孩子，漸感吃力。於是，她把孩子送了上學後，就去做鐘點女傭，辛辛苦苦的撫養她。

轉眼間孩子已讀四年級。近半年來，玲玲卻時常回來看孩子，還帶她到處跑，陳太也不以為意。豈料突然有一天，玲玲把孩子帶走，搖了個電話來，說是要把孩子取回，帶在身邊。

陳太傷心了好一段日子。孩子是人家的，誰叫自己當日沒有好好的辦理領養手續？

最近，孩子打電話給陳太，說是聽到「媽咪」要把她賣掉來填賭債。這一驚非同小可，陳太死命的追着玲玲要孩子，鬧了幾次上警局，都是玲玲得勝。可是，陳太一點不死心，到社會福利署求助。事情還在進行中，不知結果如何，但我心中在祝福她獲勝。

1985~1~29

就是那麼回事

一個老人家過世了。聽說他去得很自然，那是好死。老人家已經七十幾，本來「人生七十古來稀」之語，時至今日已不大合用。如今醫學進步，生活水準高，一般人營養充足，壽命延長，香港社會，七十歲以上的老人比比皆是。但，由於早年生活並不好過，壯年時捱過苦，到七十幾已是難得。平日看去沒什麼，倒是心臟略有點小問題，進過一兩次醫院。

老人家已從本身的工作崗位上退了下來，自己攬些生意，幫得手的好伙計很多，平日只需到公司去巡巡，交帶幾句就夠。老人家生活很有規律，通常是清早起來，出外散散步就上班，兩餐都在家裏吃，晚間絕早上床，生活正常得很。

一天早上，家人見老人遲了起床，推門看看，老人很安詳的躺在床上，就是那麼回事。

人生不過是個「過客」，我們不知道自己從何而來，亦不知將往何處。不過，人老了，機能衰退，最後湮沒，乃係自然現象。任你是億萬富豪，或者身無分文的窮光蛋，生命都是最公平的，大家同樣要走那條路，只在於時間的早與晚而已。如果年紀大了，兒女均已成材，無牽無掛，恍似老人家的一睡不醒，那是遠好過躺在床上，靠醫藥延命，拖那麼三五年，最後是痛苦而去，那又何苦呢？

最怕年紀輕輕，責任未完，兒女尚待撫養栽培，就急急地自己趕着上路，那才死得不值、死得冤枉。

聽過一段故事，說是一位老人家在搓麻將中，自摸一手雙辣，高興過度，一下子伏到枱上就去了。雖然有點嚇人，但在他本身來說，是幸福的，一點也不痛苦。信緣的人認為，好死是積福，不容易得到的。

1985~4~5

從外貌去猜年紀

從外貌去估計一個人的年紀，很多時都有極大的錯誤。我時常對着的一班成人學生，本以為他們起碼有二十二至二十五歲左右；某個晚上不知從什麼話題轉到年齡上去，問他們我猜得對不對。他們個個嘩然大叫，說是大部分都不過是十六七歲。其實，大家以前都讀過中學，成績不好，跟不上，又懶散，一到十五歲，就急急的趕着踏足社會。做了一年半載，才發覺學校生活的可愛，故此，情願晚晚餓着肚子，都要上夜校，充實自己。

何以午言在年齡上的估計會那麼差勁？原因之一是我以為成人學生必大於十八歲，原因之二是他們的臉上和行為上，都染上了社會的色彩，因此猜他們起碼到社會上打滾了三五年，想不到竟猜錯了。

午言打個趣說：「估唔到你哋咁細。好命水真係做得你哋老豆。」

「做得我哋老豆？」一個學生答我，「我睇唔止，起碼做得我阿爺！」

嘩，此語嚇了午言一跳。我問：「咁你估我幾多歲？」

學生答：「五十幾啦！我睇你一定唔夠六十！」跟着此起彼落的，很多人發言，大多猜的是五十左右。

唉，我真的那麼衰老了嗎？我有多少日子未嘗對着鏡子仔細端詳過自己？説實在的，如果夠資格，我還可以去競選每年的十大傑出青年哩！

到我把真實的年紀說出來，學生們嘩然狂叫：「估唔到你咁後生，唔做得我哋老豆，最多做阿哥。阿 Sir，去染染頭髮啦，係啲白髮令你老咗十幾年！」

我有一個朋友，患了場大病，病後頭髮突然全白了。他的學生取笑他說：「阿 Sir，我哋只見過你的青年和老年，你的中年唔見咗！」

難道我已和他一樣了？

1985~4~7

愛「抽稅」的人

這間很有名氣的快餐店，侍者一向多是年輕的青年男女，故此，那個年紀略大的印裔人，在他們中間就顯得很突出。他高大：要比他的男同事們起碼超出一個人頭有多；他壯碩，和嬌小的女同事比起來，不知怎的，我心裏總想起「蒼鷹與小雞」。

雖然他也不過二十餘歲，但鮮艷美麗的制服，和蓄着的短髭，都掩蓋不了臉上的滄桑。他很貪吃，見他在那裏來回走動，不停給人客送食物飲品間，時常順手牽羊，多拿一點，然後很自然的放到口裏。若無其事的，彷彿整個大堂裏幾十人全看不到。後來他也留意到午言注視着他，他用那雙深邃而烏黑的大眼瞪了我一眼。

我見他盛了一盒食品，另一杯用蓋蓋着，有飲筒伸出來的飲品，用手托着走出來。送外賣去了？還未想完，突見他習慣的把飲筒很自然的伸進口裏，一啜……。

老天，經他送出的東西全抽了稅，人人要食他「口水尾」，怕怕！這樣的伙記，不被炒才怪。

由這位愛「抽稅」的外籍企堂，令我想起我們的一位也是愛「抽稅」的工友。我們的校長愛飲咖啡，時常在十點多就叫這位工友去買咖啡。這位工友一向是「過水濕腳」的，想不到他買咖啡也要「濕腳」。時常有人見到他拿着那杯咖啡在樓梯轉角站着，「試味」一兩口。給人撞到，他會笑騎騎的說：「杯咖啡又滿又熱，好難拎！飲啖好過倒瀉呀。」

這件事，午言也親眼見過一趟。好像是人人都知道了，唯獨是叫他買咖啡的那位，像是毫不知情。

突然，我想起我們那區很流行「外賣」，午言問中也會叫外賣的小食和飲品，他們的伙記是否也會在途中找個地方停下來「抽稅」試味一番呢？

1985~4~9

喜劇收場的悲劇

現在要說的，也是一段「過水濕腳」的偷食故事。

有一個剛七歲，才讀小二的孩子，家裏是攬包伙食的，開的並不是大店鋪，父母在街頭擺了個小檔攤，夫婦倆拍檔揾食，專門包寫字樓白領的那頓午飯。生意僅可餬口，一家子住在後巷的小木屋裏，並不好過。

由於請不起伙記，人手少，經常要出動到這個孩子去送飯。不知是孩子吃不飽還是饞嘴，很多時都喜歡躲在樓梯角，把要送去的飯盒揭起蓋來，先嚐三兩件。孩子年紀小，掩飾手法不夠高明，試得幾次，便東窗事發了。

誰肯吃這種先供人「試味」的飯盒？孩子此舉當然直接影響了生意，父親查出了客人不再搭食的原因，非常憤怒，狠狠的把孩子教訓一頓，打得他半死。

看到此處，或許你也會暗暗說一句：這孩子也真抵打！但你實在想不到，父親是怎樣打他；你以為像我和你一般，抓起「雞毛帚」掃他一頓？

錯了。父親先給他來一個拳打腳踢；打得性起，順手抽出拑炭的那柄大較剪，淥了幾下。孩子給打得一塊青一塊紫以外，還被那燒紅的鐵剪淥得肉都爛了。唉，那不過是個七歲的孩子，而且還是自己的骨肉！

孩子回到學校，嚇壞了老師。於是，學校立即報警。跟着，這件事又落到社會福利署的手上。調查以後，父親當然以「虐兒」案被處理了。倘若父親入了獄，這家子的生活又怎樣了？

想不到這個故事竟然會是喜劇收場，開審以後，由於環境特殊，父親只被判緩刑。社會福利署還替他們取到了公屋，為父親找到了新職業，全家改換了新環境，新的生活方式。

不知孩子還饞嘴不？

1985~4~19

派報紙阿伯

午言早上出門早，送報的多未能送到，故此四份日報，都是到報攤上買的。兩份晚報則是由報攤送到家裏來。為我們送報的，是個老人家，看上去總有六十開外了，可身體卻很好，熱天一般只掛件汗衣，冬天最冷的日子，也不過是一件羊毛內衣加件棉襖。想不到他幾十磅道骨仙風般的骨架，比午言還要捱得。

時常見他踏着單車在附近送報，精神奕奕的，午言讚他幾句：「阿伯，睇唔出你身體咁好。」

阿伯好高興：「我今年七十三，朝朝五點起身，揸架車到報館去攞報紙，攞完返嚟，揸車批畀附近嘅行家。跟住又踩單車派報紙，一日做十幾個鐘，後生仔都無我咁醒。我好想退休，不過做慣咗，一停就病，辛苦命。」

阿伯好「闊佬」，經常四五個月才收一次報紙費，一收就是幾百塊。他說：「咁至見肉，濕濕碎無乜癮。」阿伯已經七十幾歲，其實早該退休的了，可是他認為自己還很有魄力，不僅逐戶去派報，還開了個報紙檔。

可是最近在路上遇到他，阿伯說：「下個月我退休，唔做啦！我已經替你搵過第二個人派，唔使擔心。」

看阿伯身體跟以前一樣，鋼條似的棒，問他何以突然退休？阿伯起先沒出聲，後來嘆口氣道：「我都唔怕同你講，啲仔女唔生性啦，周時返嚟『睇檔』！」

「幫你睇檔仲話唔好？」午言奇問。

「好？」阿伯道：「淨係睇檔就好。可惜佢哋睇檔，做埋做埋啲生意袋晒落袋，剩番雞碎咁多俾我，本錢都唔夠。檔口生意好，我就蝕大本。做蝕本生意不如唔做，揸住份棺材本慢慢捱好過。」

1985~7~3

捐款回佣

有間中學籌募經費擴建校舍，攪了個募捐運動。校方向每位教師暗示了一個數目，然後叫教師想辦法，向學生捐也好，向朋友捐也好，或是自己掏腰包也好，總之希望每人都能達到那個數目。

如果募捐有成績，新校舍很快就會建成，到時學校自然開多幾班。班數多了，主任的位置必然亦隨之而增加。於是，校內一些自認為熱門的分子，對於勸捐都非常熱心。

當然啦，對勸捐熱心，捐得錢多，即表示對學校愛護而忠心，日後遴選主任時，這可能會成為工作表現的條件之一哩！

由於過度的熱心，故此，競爭變成了各出奇謀，甚至有些使出了見不得光的手段和絕招，令人嘆為觀止。其中 X 先生想出的辦法，實在幼稚而可笑，可說是被慾望蒙敝了理智。

在學校裏，慕捐的對象當然以學生為主。如今的學生，大多很現實，有錢他們會花在吃喝玩樂上、打扮上。叫他捐款？少少地應酬你無所謂，多點？「咪只倚」！

於是，X 先生想出了「捐款回佣」的絕招。即是鼓勵學生們向家長討捐款，若果學生從家長取得一百元，教師收到後，回佣給學生五十。此招一出，學生個個拍爛手掌，回家攤大手扳要錢。

我不知道 X 先生的收條是怎樣寫的。寫一百，他每個學生要貼上五十，條數唔簡單。寫五十，學生拿回家去一定穿煲。不知他會否寫十元，然後叫學生加個零上去。看來學校當局或者 ICAC 都要出馬查查了。

午言一早指出，凡涉及捐款之事，主持人應當小心謹慎。如此教師應坐「花廳」，何以為人師表？

1985~7~15

新潮少年

小巴靠了路邊，霍地跳上來一個年輕人：捲曲了的、新燙的新潮髮型，似風中一堆亂草的搖擺着。白色長褲配一件長及蓋膝的花夏恤，使人聯想到「阿差」。也猜不出是什麼年紀，但一定不過二十。正想間，年輕人竟朝我招呼一下：「阿蛇早晨！」錯愕間他已坐到鄰座。

午言抱歉地說：「對不起，你是哪一位？我想不起來了。」

於是，他告訴我一個名字。那個學生我倒是記得的，畢業了三幾年。幾年間發育的孩子會改變很多，但無論如何，我都無法將那個有點羞澀而內向的少年，和面前這個打扮新潮，滔滔不絕的新潮男孩拉上關係。

我問他：「你如今是讀書還是做事？」

「冇讀囉，」他輕鬆地答，「我邊係讀書嘅人吖，上到中一已經讀唔掂，留咗一年都唔得，諗諗無謂晒時間吖，橫豎有人肯請，不如出嚟撈。」

「咁依家做乜？」

「髮型屋，」伸手指指街口：「果邊果間。」跟着他告訴我他只做了一年多，如今還是洗頭仔學師，五百元底薪，每洗一個頭，和公司分賬三塊，另加人客貼士，勤勤力力，一日洗十多二十個頭，每天可賺一百幾十。

他說：「下個月我加人工，加到八百。啲兄弟為我慶祝，昨晚一直打麻雀到通宵，輸咗我半個月糧……」我看着他口沫橫飛，卻是完全聽不入耳。這會是我教出來的學生嗎？心裏算算，他才不過十四五歲，以前對着老師連多講一句也不敢的他，如今卻在暢談「賭經」。

我的心慢慢的往下沉，萬萬想不到社會這個大染缸會將人染成這般……。

「喂，阿蛇，到啦！」他和我擺擺手下了車。他笑着遠去了，但我的心一整天都沒好過。

1985~12~1

駕「黑廂車」的

一個經常來買書的三十歲左右青年，身材健碩，足有六呎高，一百八十磅的樣子；曾經聽過他和同來的友人調笑說：一打三個九就要出動了。午言估計他是當差的，可是一談起來，才知道他是駕駛「黑箱車」的。

「呢行好難做，」他說：「一有三條九，我哋就要出車，專執腐屍，嗰種臭味好難頂。尤其係死咗好耐先發現果種，臭氣幾日都唔散。」

午言問：「司機都要一齊執？」

他說：「執就唔駛，但係果啲老友執完，就坐係我身邊，佢地身上已經滿是臭氣，再加埋佢地手套都唔帶，又在身邊食煙，煙味加上屍臭，頂唔順嘅真係作嘔。我初初執到呢個位，真係想唔撈，幾個禮拜都食唔落飯。捱咗三個月才慣。」

午言問他駕這種車那麼辛苦，人工是否特別高。他說：「政府司機，個個都係咁多，升盡三千幾，比巴士司機仲少。不過，就係『鐵飯碗』，穩陣啲，我哋係三年執一次位者，仲有個零月我就甩身啦！」

他又說：「辛苦就唔辛苦，有時一日先出一兩次車，冇事就坐在休息室裏，個個都爛賭，我就鍾意睇書。不過，就係臭啲。我依家着皮鞋上工，一到果處，就換上膠鞋，走又換番皮鞋，費事帶理啲嘢走。返到屋企，老婆規定我日日要由頭洗到落腳，如果唔係，唔俾入房，你話慘唔慘？」

「多起事上嚟，我地有時都好忙㗎，」他說，「譬如跑馬地大車禍果次，我地出咗三架車，每架車載兩條屍，係規定嘅。有時執完屍，又要執死貓、死狗、死豬之類……」

午言突然想起一個問題問他：「做這行工作，你信鬼嗎？」

「我初初都唔信，後來想唔信都唔得，」他說，「做咗幾日，踢波跌到兩個菠蘿蓋都唔見咗忽肉，做事頭頭碰着黑，病到唔清唔楚。直到裝香俾關帝，先至冇事。」

「咁你見過未？」

「見就未見過，撞過啫。一次載一盒嘢去殮房，平日一手軚就入到去，點知果日六七手都入唔到。我細細聲話：『大佬，唔該你唔好玩細佬啦！』講完？一手軚就入咗。」

「又一次從醫院車一盒出嚟，鬆晒手掣，架車都唔郁，我又細聲講：『唔該唔好玩細佬，我車你去安息啫！』一講完，架車就郁得，唔到你唔信。」

午言並非導人迷信，如實報道啫。我以為：信就有，不信就無。

1986~4~1

再嚐到「沙田炸豆腐」

前些時午言在此慨嘆昔日「沙田炸豆腐」的失落，立即有讀者反應，說是沙田前往龍華酒店路上還有幾間賣豆腐的小店。於是，星期天晨，我們便遠征沙田，希望食到「炸豆腐」，找回失去的「沙田風味」。

在鐵路旁龍華的梯級外，有三間小店，其中一間賣老婆餅、蛋卷之類的餅食。其餘兩間是士多，兼賣油炸食物，有炸蝦、炸蟹、炸番薯、炸蘿蔔，當然還有炸豆腐。

炸豆腐是三角形的小片，一塊錢可買五小片，風吹得起的。我們先買了三塊錢。加上淮鹽的炸豆腐，果然很有點昔日的風味。於是三塊又三塊，最後索性站在那兒食到「夠皮」。末了算算，居然是吃了十五塊，即是七十多小片。看來和我們一樣喜歡「沙田炸豆腐」的人不多，因為店主忙於炸蝦片，豆腐炸得甚少。

吃過炸豆腐，順便到馳名遠近的「乳鴿飯店」午膳。才剛進門，便聽到「雀」聲四起，人聲鼎沸。放眼望去，滿眼都是枱枱的「四方城」，少說也有五六十枱，殺得不亦樂乎。

沒參加「戰役」的孩子們，則是奔來跑去，逗籠內的雀鳥，看孔雀開屏，玩滑梯……放假的日子，真是「開心日」。

後來我終於明白到這裏受歡迎的最大原因，在於「便宜」兩字。一隻頂鴿才不過賣廿八，和市區內酒樓的五六十比，是買一開二。我們叫了兩隻鴿，還加小菜，一張「紅衫魚」有找，是抵到極。

之後我們在非假日再去了一次，卻吃不到「炸豆腐」，原來那兩間店子是要在假日才開油鑊的。吃不着豆腐，卻吃了「乳鴿餐」，四隻鴿另加小菜、炒粉、甜品各一碟，才 138，若合口味也很不錯。

1986~4~17

活劇

巴士站上擠滿了人，車一靠站，人群一窩蜂的湧上去。一個婦人拖了個孩子擠進去，司機突然開聲：「阿姐，個細路幾歲？」

婦人作狀問：「問你幾歲喎！」

孩子茫然道：「唔知嚁！」於是婦人掉轉頭，做戲般「窒」司機：「聽到未？佢話唔知嚁。」

司機氣到吹鬚碌眼：「究竟妳俾唔俾？睇妳個細路都十歲八歲啦，搭車仲唔肯俾錢？」

婦人見人家講出孩子的年歲，覺得自己頗有點理虧，於是打開小銀包，找呀找的。「俾咪俾，幾毫子之嘛。可惜阿姐冇碎銀，」她邊説邊掏出張十塊來：「找番嚟啦！」司機氣到震騰騰，磨拳擦掌：「如果妳唔係女人……」他指着入銀機道：「妳識字㗎？寫明不設找贖！」

婦人扭兩扭：「對唔住，阿姐唔識字嚁！」

兩人僵持不下，車當然沒開。正是趕上班時間，乘客們都口出怨言了。其中一個道：「開車啦巴士佬，差幾毫子，嗺咁多口水做乜？收到啲錢又唔係你嘅。」

司機想想也是，於是「谷住條氣」開車。婦人見有人幫口，意氣風發，聲大大：「唔俾又點？車我上差館呀笨！」

司機「唔順」到極，剛好一輛巡邏警車經過，司機立即停了車，截停警車，投訴有人短給車資。

一個便衣上車來，問婦人說：「差幾多呀？何必阻住咁多人返工？我幫你俾啦！」婦人卻仍然聲勢洶洶：「阿姐唔搭啦，入咗果一蚊，送俾佢做棺材本。車之嘛，通街都係。」邊說邊拖着孩子下車走了。

這樣的「惡人」你見過嗎？給她阻了十多分鐘，人人都谷氣。

1986~4~25

實物教學的笑話

最近又聽到一些有關教師上課時所鬧的笑話，其中最有趣的一段是這樣的：

話說有位教師，事先知道了教署會派視學員來看他上一節科學課。於是早作準備，教具等等均齊備，滿懷信心。他教的那節課係「靜電」，書中有個實驗是：取玻璃棒摩擦絨布，即能產生靜電。道具中得有「玻璃棒」，可是學校的教具並無此物。難道要花錢去買？教師似乎心有不甘，而且還得專程出去一趟，又不知哪裏才可以買到，得花時間去找。既花錢，又花時間的事，實在劃不來，便打算到時輕輕帶過就算。

由於早有準備，那節科學課果然表演得精彩，學生們都「歎為觀止」，認為乃係「空前絕後」的一課，興奮異常。講到如何產生靜電時，教師說：「因為一下子找不到『玻璃棒』，無法做給你們看……。」

教師繼續說：「不過你們可以回家找找，找到玻璃棒，便可照我剛才教你的方法，用絨布磨擦，便可生電了」。

至此，成功的一課本該結束，偏偏一個不生性的學生忽地大聲道：「我找到玻璃棒了！」

大家向他望過去，學生得意地說：「光管不就是玻璃棒嗎？今天回家得把光管拆下來實驗、實驗。」

視學員聽到這番「偉論」，大嚇一跳，忍不住立即站起來，走到教壇，強調「光管」不能作「玻璃棒」用，告誡學生切勿做此驚人的實驗。

唉，午言聽故事至此，不禁搖頭嘆息！

要生靜電，何必如此大傷腦筋，叫學生用膠間尺擦擦頭髮，便可黏上紙屑，教師何其「盟塞」！依書直說，最為要不得。

還有另一個教師要「依書直說」的故事，也是發生在科學課中的；有一課教的是「聲音」。課本中為要說明：不同的物件會發出不同的聲音。於是舉了個例子——甚至公雞和母雞，發聲都不同。

那位教師為要在視學員面前「搏」表現，想以實物教學，便專程到街市買雞去。母雞多的是，然而公雞嘛，跑完了兩個街市都買不到，只好失望地回去。午言實在很不明何以有些人腦袋會如此閉塞！「我和你，聲音不同。」「敲敲枱櫈，用腳踏踏地，聲音差異很大」已是非常好的教材，何必去買雞？

編書的人也真是，例子如斯多，選冷僻的，也不一定能表現你才高八斗，見多識廣，應該顧及實際需要。教書和編書的，都得要知道：最接近生活的，學生最易明白。

1986~9~1

作了夜冷店翻譯

英皇道某段同一個街口內就有兩間夜冷店，都是食肆停業後的副產品。兩夜冷店分別在馬路的兩面，白底黑字的招徠字句，老大老大的掛滿店門兩側，吸引了不少途人。

這種酒樓停業的夜冷店，和一般雜物攤沒有分別，大抵是以酒樓剩下來的雜物作基礎，再加上營業者本身的存貨，作廉價的推銷。就以午言所見的這一檔來說，原址是一間餐廳，於是你可以見到：舊冷氣機啦、洗碗盆、小茶几、鐵板、餐碟……等餐廳內應有的器具。

此外就是從別處搬來的廉價貨，如：冷暖風機、吹頭的風筒啦、手提光管燈等一般雜品。價格亦很廉，大部分是不標價的，看來店主是要「因人而斬」，但略為貴重的，如風筒和光管燈，都不過是二三十塊，其他的也不會高到哪裏。這樣的價格當然是很誘人的，參觀的人着實不少。

餐廳舊物、新廉價電器，對午言都沒有吸引力，卻是一籮間尺引起了我的注意。一個膠籮滿盈盈的一呎長膠間尺，全新的，尺中間有「吉利市」字樣，看來是「吉利市」送給顧客的贈品。如今吉利市已經不吉利，流到夜冷店去，才賣一元一把，多買大概還可以講價，便買了幾十把，留待年終時作獎品送給學生，實用極了。

一個菲傭要買碟子，拿起一扎，操英語問價，售貨員用廣東話答以「七蚊」，牛頭不答馬嘴，結果要用萬國語言——手勢溝通。菲傭還是不甚了解，以為「七蚊」一隻碟，嫌貴。午言在旁插口告訴她是「七蚊」一扎，六隻，她瞪大了眼，連問了兩遍「是否真？」這回卻又覺得是太平了。

「碟子」生意做成了，售貨員多送兩把間尺給我。這樣的翻譯，居然值兩蚊。

1986~10~13

逛街市

今日假期，午言又跟老妻買餸，去街市做「挽餸公爵」。午言有空喜歡跟老婆買餸，最大原因是覺得街市很有新鮮感。大抵秋高氣爽，人人精神爽利，午言覺得今日的街市充滿歡樂氣氛。一個賣提子的年輕人，輕鬆地操着唱歌般的口吻，唱着：「請開金口啦喂！五蚊開金口！」

隔鄰另一檔賣雪梨的立即和他：「食雪梨呀，有熱氣！好過飲清涼茶！」

另一處賣花的，叫着：「十蚊三枝劍蘭。」馬路對面的一檔立即回敬：「八枝的是薑花。」

不知何故馬路中心沒有了賣海鮮的艇家。沒有海鮮，也就沒有了一攤攤的積水，好走得多了。今個兒早上，街市上似乎一切都是美好的，唯一不滿意是崎嶇不平的馬路，何以不修呢？

走過菜檔，小販招呼道：「今日啲菜好靚，賣五毫咋，老細！」五毫一斤白菜？很久沒聽過了，引得午言趨前一看。是五元！午言不禁為自己的天真失笑。搭小巴，聽司機以兩毫代替兩元，聽得多；在街市，還是首次聽到哩！

一個小販把單車泊在路中央，車頭上幾層高的鐵籠，賣的是斑雀、鵪鶉之類。

一個阿姑買了四隻斑雀，二十塊。小販伸手進籠內捉出來，放進紅膠袋裏，斑雀還在袋內跳躍，就把袋口縛好，即向阿姑收錢。

阿姑瞪大眼：「哎唷，你唔幫我起皮？」

「唔得㗎，」小販苦起口臉，「妳冇睇報紙？我哋個行家要踎三個月監，虐畜嚾！」阿姑無法，唯有俾錢。

小販道：「我幫你焗死佢哋，妳返去揾煲熱水，好容易攪掂者。」

1986~11~8

抽煙受歧視

抽了二十幾年煙斗的老馮，突然戒煙了，而且一下子就戒掉，令人佩服以外，不禁有人追問起戒煙的理由來。

老馮嘆了口氣：「沒辦法，如今抽煙，受人歧視！」

抽煙怎樣受人歧現？老馮說：「搭巴士，樓上是可以抽煙的。上了車，坐下來，一掏出煙斗，附近的人個個縐縐眉，雖沒有干涉；自己也不好意思。有時不理他們，我行我素的抽起來，附近的人慢慢疏散，彷彿自己患了傳染病似的，難過極了。」

「理他呢，」煙癮極大的老李說，「戒煙等於少了個妾侍，我決不會戒！」

「當然，你未試過，未知，」老馮說，「那次在巴士上的鄰座，不停用報紙扇到我身上來，一副找麻煩的樣子，實在令人氣忿。」

「還有一次是在電影院裏，」老馮說，「當然我是在吸煙區，隱隱約約聽到後面有輕微的抗議聲，小心一聽，原來是個女人，喃喃的『由開場食到散場，睇你個樣嫌命長』。」聽得我們哈哈大笑起來。

「我也戒過煙，」有人說，「很難戒得掉，你有什麼秘訣？」

「沒有秘訣，是決心！」老馮說：「不過，煙斗比香煙易戒很多。一聽到我要戒煙，老婆第一時間把我十幾個煙斗掉到垃圾筒去，沒有了煙斗，難以再抽了。香煙就不同，你雖然不買，但『伸手牌』隨時可得，意志不夠堅定，戒了很容易再抽。」

午言雖然煙癮甚輕，每日不過三五支，但亦感到煙為害之大，經常引起呼吸道毛病，又惹痰，終於下了次心，戒掉三個月。會不會復發？天曉得！

1986~12~19

我捱世界為的是什麼？

午言每日清晨六點半要拖着小頑皮上學去，家居距巴士站有十五分鐘的行程，但因着小頑皮往往還在半睡眠狀態中，走得很慢；為了趕時間，我們經常是在半路上遇上的士就改變初衷，截車。

碰巧兩個早上都搭着同一部的士，司機問清楚我們每天出門的時間，願意到門口來接。他一面開車，一面說：「我揸的這一更時間最怪，由朝早三點揸到七點半。送完你哋返學，我就收工。」

停了一會，他繼續說：「這個世界搵食好艱難。這架車早更本來我細佬嘅，不過佢要七點幾至開，我趁早揸番幾個鐘，賺番百零蚊。七點半收工我跟住去印刷廠開工，六點收工返到屋企，食完飯立即上床，第二朝兩點半又起身。負擔重，無法啦，唯有望啲細路快啲大！」

午言回家把握機會，以的士司機半夜兩半起床揸的士，跟着又要做印刷工人，到六點才下班的事實，教那十餘歲，讀中三而又不知世界艱難的女兒。

告訴她，書讀不好，搵食艱難，要捱世界！

豈料女兒道：「讀好書又怎樣？你算算你自己的工作時間，跟那個捱世界的的士司機有什麼分別？」

午言愕然，真的算算。我每日六點半出門，晚上十點然後返家，工作時間原來真的跟那位司機相同，遂被女兒搶白得啞口無言。

的士司機一世人做兩份工，為的是「唔夠皮」，拼命捱，望兒女快大，早日出來幫手。我是為了什麼呢？相信我一份收入已超過他兩份工的兩倍。日日苦幹，為的是什麼？

1987~2~23

部長出馬的精品日

星期日到以前常去，但近日少到的茶樓去飲茶。碰巧那天是以茶樓命名作為號召的「精品日」。起先並沒發現有什麼奇特的地方，也不知道有「精品日」，只是覺得此日比平常的禮拜日要更擠迫，更難找位。

到入坐後不久，見小車子推來，所售賣點心竟然有異於平日，譬如：生炒排骨、雞蓉粟米……等小菜點心，均是一小碟一小碟的，價錢都在十元以下，相當類似平日的「特點」，但款式就比較新，完全是由一些流行小菜演變而來的。

對於飲慣茶，食厭了蝦餃叉燒包的茶客來說，這是一種相當具刺激性的新嘗試。更令人愕然的是：賣這種「特別點心」的，並非一般點心阿婆，全部均由部長出馬。部長出馬賣點心，令人耳目一新。

這間酒樓成功的一點是部長和茶客打成一片，大家有講有笑，相當熟落。故此，由部長出馬賣點心，只要質素不差，沒有「揾笨」成分，一般都很受落。

後來午言從相熟的部長那裏知道，原來這種「精品日」已經推行過好一段日子。通常是每個月舉行一天，事先並無指定是哪一日，由酒樓內部突發性推行，使顧客及員工都產生一種神祕的刺激。

銅鑼灣某公司每年大除夕，都舉行突發性的四折大廉賣，生意甚佳，未知此「精品日」的靈感是否由此而來？

除了點心，「精品日」居然還賣糖果、人參和茶葉，實在新鮮。午言亦因此買了株八十塊的人參，十餘塊的「旅行茶葉包」，還有廿五元一隻炸乳鴿，實在抵食！

1987~2~27

過度活躍症

監二年級考試，派了卷，講解過後，學生們都彎着腰、垂着頭，把自己整個投入到試卷裏去。才不過兩三分鐘，忽地一個學生站起來，走到午言面前，一揚試卷道：「交得！」

午言收卷一看，除了學生的名字，全卷完好未答，問他何以不答。他說：「雞腸！佢識我，我唔識佢。」

「不答題，幹什麼好呢？」

「同你傾吓！」他說。

七八歲的孩子，說話老成，好，便聽聽他說的是什麼？豈料話匣子一扯開，乖乖不得了，他談起尤德的貢獻、香港的前途、香港的壓力團體、代議政制……完全不是一個孩子的口吻。雖然斷斷續續，東拉西扯，卻仍可以綜合成論，即使成年人，亦無這個談話資料。

午言不信神童，然而日光日白，難道「上身」？於是用試探的口吻問：「誰教你說這番話？」

「教？冇人教我，」他煞有介事的說，「身為香港市民，人人都會關心我哋嘅社會，人人都要注意政治嘅改變……」

到得後來，午言漸漸覺得他是語無倫次了，便問：「你究竟有乜唔妥？」

他皺皺眉道：「醫生話我呢種叫做『過度活躍症』，即是鍾意講嘢、想嘢、做嘢。我冇時停㗎，嗱，你睇，我行唔到一條直線㗎。」他邊說邊走到課室大門走進來，果然歪歪斜斜，左搖右擺，不僅不穩定，而且是走「之」字路的。

老天，我們這裏不是特殊學校，來了個這樣的學生，整天要開口、要動的，老師怎樣上課？

「過度活躍症」活躍就是，何以能長篇大論的談政治、講前途？午言並非專家，實在難以解說。後來跟朋友談起，說他這種是「鸚鵡語」，即是鸚鵡學人語一樣，牠根本不知道自己說的是什麼，只知道在什麼情況下，就發出何種聲音而已。據說患「過度活躍症」者，是會慢慢減退的，希望果真如此。

自從知道有這麼一個孩子後，就經常留意到他的事，發覺他底「活躍」很多時妨礙了其他同學上課，甚至間中會產生暴力行為。其中一次上課期間突然病發，不單只侵犯同學，甚至對着老師亦揮拳舞腳，難以控制。最近報上常讀到精神不健全者傷人事件，大家都擔心到，如果忽有一日，他順手拿起書包內的利剪狂揮……真不敢想下去。

1987~5~14

三斷

聽到這麼一段家庭悲劇：話說一位女士在婚後才發現丈夫並不理想，缺點多多，婚後不久已有離異的意思。但畢竟是有感情的結合，故此給予多次機會，拖拖拉拉的猶豫不決，第一個孩子就這樣生下來了。母親為她取名——想斷。

大概為了孩子，也希望因有了孩子，會令不羈的丈夫改變他底荒唐的生活，夫妻恩情「未斷」。然而丈夫卻死性不改，正想離去，第二名孩子卻糊裏糊塗的生下來了。母親為她取名——決斷。

既然已經「決斷」，何以母親還不離去？而且有了第三個孩子——絲斷。

從「想斷」而「決斷」，最後終於「絲斷」，大家大概都可以想像得到這段夫妻的恩情，終於像一匹絲綢般叫剪斷了。

母親在產下第三個孩子以後，狠狠的下了決心，離開了。

一個油頭粉面，終日遊手好閒的男人，如何去照顧三個孩子？況且他一點悔意也沒有，依然整日往外面跑，這個家就只剩下三個幾歲大的孩子，其悽慘可知。

「決斷」在朋友教的小學讀書，學校只上半天課，但「決斷」每天下課後，一直留在學校，直到下午四五點，才見父親來接她。起先大家都沒注意這個孩子，以為家庭情況特別，必須留在學校，而她也很守秩序，沒有犯規，也就讓她留下。

直到有一天，「決斷」突然昏倒了，老師才知道孩子每天根本沒有午飯吃，只靠早上吃剩的麵包來作午餐。三兩天尚可支持，長期如此，焉能不倒下？

老師請來了那位不負責任的父親以了解情況。那傢伙一副毫不關心的樣子，攤攤手道：「無法喇，呢輪我無工開，救濟金又未到手。細路仔餓吓無緊要，餓吓餓吓一樣會大。先生你咁關心佢，不如你借住錢畀佢食飯盒，第日我還畀你！」

碰巧那位班主任也真好心，真的買飯盒照顧「決斷」。早餐連飯盒，每天約為十元左右，起先的一段日子，按星期向她父親追討，他是給了錢。但後來則借故說手頭緊，或是其他什麼理由，拖得幾次，索性不給了。老師也真善心，照樣照顧孩子的飲食。

有同事忍不住，道：「佢送個女嚟呢度讀書，好過送去托兒所，由朝到晚有人睇，又唔使畀米飯。」

唉，不知那位離去的母親，知否兒女的苦楚？

1987~5~25

九七與她無關了

朋友的太太突然過世了，才不過四十餘歲，大家都替他難過。事情來得很突然，就像一陣可怕的狂風捲過，人就去了，令人唏噓不已。

朋友說：「那是母親節那天的事，午間她感到頭痛，以為是感冒什麼的，認為躺躺就會沒事。想不到直痛到晚上，捱不了，只好進醫院去。

「晚間才一進院，立即抽血驗，驗不出什麼。第二天醫生建議電腦掃描。照過，也不見有什麼不妥，就只是頭痛。再過一天，抽脊髓驗，報告出來了：急性腦膜炎。

「正待開始治理，病情已經惡化。原來說這是一種極霸道的腦膜炎，幾小時即可致命。眼白白的就看着她去了，前後不過幾天，世事的變化真難逆料！」

中年喪妻，走在人生途上，陪伴了二十載的人，忽爾即騎鶴西去，當然傷心。朋友是典型讀書明理之人，必然明白世事滄桑，很多事均非人力所能做得到，相信他在傷心過後，仍會繼續努力人生，作育英才。

比朋友更傷心的，當屬兩個孩子。一個十七，另一個十五，雖然已能照顧自己，但一個原本非常溫馨的家庭，相信自後當會黯然失色矣！年長的一位，今年正好會考，遭此巨變，還能用心考試？不過朋友還是將喪事壓後，鼓勵孩子完成考試，實在難得！

「十多年前伊已病過一次，」朋友喟然道，「是鼻癌！當時大的才兩三歲、小的剛出世，那時去了可就更慘！唉，伊擔心九七，如今全不是問題了！」

1987~6~8

舊物精品店

公園側有間「舊物精品店」，每次乘車經過，好奇心都驅使我想下車去看看。「哪些才算是舊物精品呢？」

無奈店鋪的所在地是小巴的禁區，下車要在一大段路以後，而且每次都在趕時間，欲看無從。

那天我下定決心，下了小巴，回頭跑兩個街口去看那舊物精品店。那是間真真正正賣舊物的小店，店面還沒有百呎大，門口處有兩個很大的玻璃飾櫃，左邊的是一座最古老的留聲機，大概是要用手絞動的那種。揚聲喇叭筒像一座十六吋直徑的風扇，有型有款，十分搶眼。

右邊的玻璃櫥窗內，最吸引人的，是具「潛水銅人」的頭盔。小時候看《海底六萬里》裏的潛水員戴的就是這個東西。十九世紀的？

裏面有半邊鋪賣舊洋酒。午言不是酒客，不知洋酒是否真的愈舊愈醇。一瓶「液體」，收藏了那麼一百幾十年，尚能入口？

除了舊洋酒，最多的是舊錢幣，硬幣、紙幣，存了滿櫃，也沒細心去留意是哪個時代，什麼地方的。此外，舊照相機也很多，盒型的，阿爺那個年代的款式也有十種八種。舊勳章排了一牆，擦得閃閃生光，也不知是頒給誰的，竟會流落在此。因為時間不多，不敢訪問店主人，不然的話，相信會有很長很長的故事。

這類舊物店似乎很少，以前只在廟街或新填地地攤上的東西居然上大枱了。難得的是所有物品一律整潔異常，沒有給人又爛又舊的感覺。想來價錢不會低哩！

如今的舊物店，最常見的是傢俬店，差不多各區都有。英皇道某段，兩三個街口，就有五六間這種舊傢俬店，它們的拿手好戲是翻新舊鋼枱。每次經過，都會見到店員先將剝落的舊油漆鏟去，補上油灰磨光，再髹上新油。本來早已「殘廢」了的鋼枱，經過一翻打扮，便像八九成新的鋼枱，很容易魚目混珠。

可以旋轉的靠背椅，不知是次貨還是舊貨，用透明膠紙封好的，則明顯地是舊東西，殘的、斷腳的，也是新得可以的。至於其他的傢俬也有，但，相信經過處理，也不會糟到哪裏，不然怎賣得出去？

這種舊傢俬店仍用一條「舊橋」賣貨：很多枱椅都用紙標明「已定下」或「已賣出」字樣，但一個月後你經過，那張椅、那張枱，那張紙，依然在。

舊傢俬店中，單賣酸枝的已不多。那日乘小巴經過西區三角碼頭附近，同車一個老人家指着間專賣酸枝的舊店對他的友人説：「我真不明白他們是怎樣做生意的，你從來不見有人去買東西，只見他們日日夜夜的忙着，用砂紙省呀省的。你知道這間店開了多久？由戰前做到現在！」

據他說，這種紅木舊酸枝貴得很，他們家裏有一套，先五六年前，單請人來修修，執執油，已經要三四千。除了舊傢俬店是真正的舊物店，如今的故衣店已變成山寨貨店，夜冷店很多亦以賣「執笠」公司貨為主。

由新近見到這間專賣舊物的「舊物精品店」使我想到何以不見「舊搜集物店」呢？各類型的酒瓶、舊公仔、舊車票、戲橋、火柴盒、藏書票⋯⋯都有人搜集。開間這種店會有得做。

STAR FERRY CO.
A2961

1987~7~27

研討會請公開．廣宣傳

最近午言得到朋友的特別關照，邀請參加一個由國內及本港學者聯合舉行的文學交流研討會。主辦機構隆重其事的，先寄來了邀請信，要覆信表明是否參加。研討會舉行的前一天，又特別有專人來了電話，說這是個半閉門式的研討會，不便招呼太多人，要求午言到會時記得携帶邀請信，對號入座。

午言依時前往，早五分鐘到達會場，偌大的一個演講廳，空洞洞的只擺了五排座位，我是第三個到達的與會者。時間過得很快，超過了開會的時間十五分鐘，主角仍未到場。結果第一天的研討會遲了近三十分鐘舉行。這個早上因為有風、有雨，而且很多人都是第一次來這個會場，遲到還是情有可原的。不過，準時一點不是會更好嗎？

原以為第一天的研討會遲開，是因為風雨和環境不熟悉引致，豈料第二天仍然要遲十來二十分鐘才可舉行。中國人這種好遲到的劣根性真要徹底改改。

研討會的會場擺了五十張椅。是否表示與會的人數起碼接近這個數目？然而兩天上下午的會中，最多人的時刻，不足三十人，最少的一次是二十二人。

請別笑午言小心眼，我是真真正正數過人數的，在這些人中，還包括了幾日研討會中的十個八個講者，真正去聽的有幾人？

乍言斤斤計較的去談人數，是因為覺得既花費那麼鉅（從中國請來五位學者，及五位本港名家開會三整天，該動用不少吧？），而且研討的又不是什麼秘密，何以不肯公開，多作宣傳，讓廣大的好愛文學者參與？

1987~8~1

女廁有男人

商場一個女店員，從女廁奔出來，花容失色，投訴於管理員，謂女廁某廁格中，躲有一名男子。兩名管理員猶猶豫豫的前去，午言見兩名老人家已在六十開外，又無武器，於心不忍，於是尾隨了去，以防萬一。

女廁和男廁對門對戶，僅有三四呎距離，兩扇門都因日久失修而殘破不堪，尤其女廁的那面，更因前些日子更換女廁側的巨型冷氣，為了方便工作，連門板都拆了下來。出入只要頭一側，鄰廁一切盡人眼簾，頗有點尷尬。

三個大男人去到女廁門口，又不便進去，管理員大聲問：「女廁有冇人呀？」卻是沒有反應，伸頸望進去，見最接近的廁格是關上門的。管理員甲蹲下，一看：「有人！不過係女裝鞋。女仔嚟。」

管理員乙也蹲下去，看了一會，道：「唔係喎，兩對腳！」

兩個管理員再不猶豫，走進去直接拍那個廁格的門，這時傳來一把女聲：「乜事呀，就出來啦！」跟着門一開，走出來個穿迷你裙的十六七歲少女，當大家注意力集中在她身上，正想詢問的時候，又閃出來個年紀接近的男孩子。

兩個管理員齊聲問：「你哋喺入面做乜？」

女孩子作狀苦起口臉，道：「我頭先唔舒服，吐得很辛苦，佢入嚟幫幫我啫。」

兩個孩子邊説邊大模大樣的從管理員間穿過，揚長而去。因為女的要吐，孤男寡女的走到女廁裏，而且還鎖上了廁格的門，事後知道有廿來分鐘的事，白痴都不信單單「嘔吐」那麼簡單。

在女廁裏發現的那對男女孩子，是慣常見到的一對，都是某中學的學生。差不多每日的下午，你都可能見到他們手拖手的在北角拍拖。

午言見過他們數不盡的次數了。在商場的走廊手拉手走過；在商場較靜的角落裏擁抱接吻愛撫；在我書店裏借看書為名的，你摸我，我錫你；晚上九點幾，仍穿着校服，在巴士上旁若無人的接吻……。

午言特別留意到他們，是因為他們所就讀的那間學校的校長是我的老友，而且，那是間在北角頗有名氣的津貼中學，並不是「也也烏」的私校。這對「熱戀」的中學生，連學校也丟盡臉。

午言不反對大孩子談戀愛，只要不影響學業，不算什麼大問題；不過，像這一對，不單肯定學業有問題，遲早攪出事來！

1987~8~30

用「真正」牛肉製的牛肉乾

牛肉乾是一種很不錯的零食，相信很多朋友閒時也愛咬幾片，五香的，咖喱的，各有所好。這兩種牛肉乾，都可以吃得乾淨俐落，然而，吃果汁牛肉乾則是夠麻煩的。

一般果汁牛肉乾多是手掌般大，不像五香或咖喱的一小粒、一小片，一下子可以丟進口裏，必須拈着它，一小口，一小口的撕開。於是，那濕濕的，甜絲絲的果汁，就留在嘴邊和手上，吃那麼一兩片，就得要去洗手，實在不方便。

一次朋友請我食的果汁牛肉乾，卻是用紙包裝好的。牛肉乾被剪成小書簽般大小，一塊塊用臘紙包裝好。打開來，直接放進口裏，手不用沾到果汁，省卻洗手的麻煩，而且味道蠻不錯。朋友告訴我，這種包裝好的果汁牛肉乾，是在超級市場買到的。

我們一家都喜歡這種用臘紙包好、書簽型的果汁牛肉乾，起先也真能在超級市場裏買到，但後來卻忽然消聲匿跡，斷市以後再也沒有出現了。

幾經打聽，終於找到它的生產公司，想不到僅是鬧市中橫街裏，一間小小的工場。工場前端是間不滿百呎的小寫字樓，完全不像門市，卻是做買賣的。

午言讚牛肉乾棒，老闆道：「當然啦，我們是用『真正』牛肉做的！」

難道「牛肉乾」也有不用「牛肉」做的？

「當然啦，」老闆道，「你以為橙汁汽水用橙榨的？蠔油是用蠔製的？錯了，如今科學昌明嘛。」老闆還說超級市場找數慢，他不肯做，如今做出口，專運日本哩！

1987~9~17

輔導主任

這一節空堂，碰巧同一個休息室的「輔導主任」閒着，話匣子一開，談得很投契。所謂「輔導主任」，係行內術語，其實即是學校內的社會工作者。他的工作是接收教師介紹來的問題學生，加以輔導，甚至家訪，深入了解學生的家庭問題。這件工作吃力不討好，很多時都會遇到棘手的難題。

「比如強迫教育的問題，」他說，「有次我去訪問一戶艇家，原因是父親不肯讓孩子上學。那位做父親的說：『沒辦法啦，我們是打魚的，請不起伙計，孩子就是我最好的幫手。你把他拉了去上課，我們就不能開工，即是斷了生計，要讀書就冇飯食！』

「對着這樣的家庭，我們也束手無策，唯一的辦法就是送交社會福利署。據說後來孩子還是無法上課，不了了之。」

學校有輔導主任是件好事，老師工作忙，一人到學校，是搏足五個鐘，遇到頑劣的學生，完全騰不出時間來跟他磨蹭。輔導主任就不同，他無需上課，把問題學生叫了去，慢慢跟他講道理，效果應該比教師好。然而，事實卻不然，輔導主任說：「頑劣學生一般多是軟皮蛇，也真不怕你，效果不見得好，算是分擔了教師的工作。」

起先以為這麼繁重的工作，最低限度支 AM 薪（主任級），卻原來不是。「只不過是 CM（教師級），朝九晚五，跑兩間學校，還要上一天寫字樓，排期長短週，好辛苦。所以年年有人走，去年就跑了十幾個，回去教書好得多，半日安，你話幾嘆！」要學校社會工作搞得好，付這個薪級是不行的。

1987~9~19

車位租貴買平

亞A幾十歲人從來沒想過要學車。理由一是無須揸車搵食；理由二是香港交通問題是個死結，出街揸住架車，搵地方泊車，煩過「煩帝崗」，「通街的士，一遞手就有車，去到，拍拍屁股就落車，乾手淨腳。」

車，不是養不起，但不經濟。如今養架車，除了車位、油錢，還要牌費、燕梳……總得兩千多。搭的士，算你日日搭，飛來飛去，幾時搭得完兩千？不養車，學學也無妨？

A說：「唔揸就唔好學。冇車牌，死咗條揸車心。有車牌而冇車玩，心入面就有啲唔開心。」

但，亞A最近居然去學車了。原因是見兄弟們個個有車，心癢癢，而且，人人有車，你冇，集體行動起來似不方便。最重要的還是中了老婆的激將法，説他不學車是冇膽，好失威！天可憐見，亞A幸好保住了自己的威風，車牌也是一帆風順，兩個月，直通快車的順利到手了。

有了車牌，該買車了吧。然而碰巧工作正忙，騰不出時間來。在毫無心理準備之下，忽地一個兄弟搖個電話來：「過兩日我出國啦，你快啲攞咗架車去！」

突然有架車，你估小事？第一件事是「搵車位」。住家附近有三個停車場，起先以為很容易搵的車位，結果是全滿了。「士急馬行田」，找到熟落的經紀問。

經紀說：「車位？有。不過賣嘅多過租嘅。賣嘅七萬，租就一千。」

一般樓價是租值的一百倍，即租三千，賣三十萬，差不多成了定律，即使有出入，也不很大，何以車位「租貴買平」？

車位租一千，賣七萬。亞 A 一算：不過是五六年租金，就能買到。況且，自己一旦不用，還可把車位租給人，或者把它賣掉，如今地產興旺，小小地，炒車位亦過癮。於是便決定要買。但經紀說：「你諗過至好。好多人玩車，都係三兩年熱情，隨時可丟，車位唔同屋，唔係必要嘅，將來你要放手，好難甩者。買間屋，拆咗，你仲佔地皮幾十分之一，但係車位係冇份者，一拆樓就冇晒！」

亞 A 考慮過，仍然決定要買。佢話自己決定了的事，永不改變，永不後悔。他認為自己揸車，決非幾年的事，買車位肯定化算。

難得佢咁硬頸，咁死心。在愛情上是否「至死不渝」，問亞 A 老婆，佢笑笑口唔答。

1987~11~14

「喜鵲」還是「烏鴉」

休息時間，突然聽到一種比較少聽到的鳥鳴聲，正想看看聲從哪裏來，已有人低聲叫道：「嘩，好靚嘅雀仔。」午言循他所指，見窗檽上蹲了隻黃黃灰灰的小鳥，正使勁地張開喉嚨唱着。

「那是畫眉呢，真是少見！」有人道。話猶未完，又飛來了另一隻。兩隻鳥在窗檽上一唱一和，久久不肯飛走。

突然有人大發雅興，「喂，明晚出什麼馬？有無用鳥名的？」此時也，人人目光均集中午言身上，不得已，乃掏出排位版，大家一齊參詳。

全晚六場馬，出馬幾十匹，也真湊巧，用鳥名的，僅得頭場的「起鳳」和四場的「幸運鳥」。不知誰一聲「合伙」，十塊錢如雪片飛來十幾張。

收集了「合伙」的錢，大家問我怎樣買，這兩匹馬有無機會？

買馬之事，誰敢説有把握？不過，「起鳳」一沉兩季，由第五班降到第七班，七歲馬，應該還有戰鬥力。今次放個「雷誠」上去，肯定去到盡，贏不贏，你敢講？「幸運鳥」跑長途是拿手好戲，不過，上次跑得不好，但，馬神起上來很難説。

午言分析過後，大家主張買 W 二穿三，看看這兩隻「畫眉」，究竟是「喜鵲」還是「烏鴉」。

這樣子胡亂買馬，在午言還是首次。但老婆就曾經這樣跟人合伙，中過冷彩池。那次她們幾個娘子軍，胡亂的撞口卦，說什麼有「金來」，就可以「飛得」的點了條三冷一熱的四重彩，乖乖不了。老馬迷會記得，那條四重彩少人中，要登記，派四五萬，每人分了萬幾哩！

1987~11~18

精靈的臭鼠

這一節是空堂，偌大的教員室，僅午言一人。正埋首工作之際，忽聽得「噗噗」的小動物底跳躍聲。「當然是那隻籠中鳥了。」心道。前些日子，不知是哪位同事教鳥，帶回來了一籠鳥，那隻鳥足有半隻手掌大，很不安定，經常在籠中撲來撲去。

可是，「噗噗」聲十幾分鐘未完，怎麼牠那麼好氣力呢？或者是什麼東西引得牠那麼吵？午言放下了工作，抬頭望向鳥籠，咦？什麼都沒有，鳥籠中可沒有鳥，那是什麼在吵？

午言站起來，循着聲音走過去，越走，越聞到一陣濃烈的臭味。最後終於發現聲音和臭味，都發自窗口邊一個齊膝高的垃圾筒。走近去看看，哎唷，原來是兩隻小老鼠，在沒有什麼垃圾的筒裏，使勁的向上跳着，希望跳出來。雖然牠們盡了力跳，但那只有三四吋的身體，總跳不出呎來高的筒口。

午言回轉身，找來了工友，叫他處理。可是，當我倆回到垃圾筒邊時，兩隻小鼠都不見了。午言摸摸頭，「大概跳出來跑了！」

工友走後，午言又埋首工作。好傢伙，噗噗的跳躍聲又來了。午言霍地走過去，聲音又沒有了，也沒有老鼠。不信你躲得起來，午言找了枝小籐枝，把垃圾筒內墊筒底的紙揭開，兩隻小傢伙就縮在那裏。

這回可看清楚牠們了，全身灰灰黑黑，嘴部特別長，樣子和平常的老鼠不很相同。

處理了牠們回來的工友説：「這是臭鼠，臭得不得了，垃圾筒要用清潔精，臭味才能退去。」整個教員室足足過了三節，才聞不到那種氣味。

1987~11~29

應該停停了

午言微恙，醫生吩咐要休息，不得已告了幾天假。

天甫亮，鬧鐘響起，一家幾口迅即鬧得沸騰騰的。洗手間最搶手，一個出，一個進的。放水聲、漱口聲，不絕於耳。

平日都是午言起得早，自己參加一份搶閘工夫，完全不覺得吵。此日躺在床上，聽她們三個的出門準備，也真夠熱鬧的。然而，這種紛亂，也不過十五分鐘就靜下來了。連次的關門聲，將熱鬧和歡樂都帶到門外，家一下子就靜下來了。躺在床上，無所事事，靜得可怕。終於忍不住爬起床來，看看錶，不過是七點，這麼早，幹點什麼呢？

結果是到公園去走了個圈，早起的晨運客早把公園點綴得熱鬧異常。匆忙的人偶爾放一天假，也真新鮮。

當你孤獨一個，又不想幹活時，你做些什麼？看一回錄影帶？聽一段音樂？看書？還是到公園去散步？

這個早上我可是什麼都做了。

在公園裏，看退休老人們悠閒地做着早操，看亞公亞婆們來而復去，去而復來的在公園內兜圈子。我突然覺得這種悠閒日子的可愛。生命是短暫的，可愛的。這許多年來，我竟從未享受過如此的安逸、閒靜，我是在幹什麼來着？

每天日未出來，就巴巴的趕到街上去，然後是早午晚的到三處地方去上班，一處緊接着一處。有人說「一世人打兩世工」很淒涼，更何況我是返三份。似乎應該停停了，讓有限的生命，去享受無限的歡樂。

1987~12~28

情願住新區不住「監倉」

王伯是這個公園裏的晨運常客，除了刮大風、落大雨，他是全年不缺席，朝朝六點半就見面的。但最近王伯失蹤了好一段日子，直到今日才再露面。晨運客們一見他，就跟他打招呼：「王伯，點解咁耐唔見？」王伯只是笑騎騎，話題立即轉過第二樣。被人問得多，王伯終於唔抵得，嘆口氣道：「最近我搬咗過海，去個仔處住。」

「咁咪好囉，」一個晨運客羨慕道，「依家啲後生仔，好少肯同老人住。自己買咗樓？你個仔真叻，地方大唔大？」

「地方大就夠大，成千呎一層樓，個仔同新抱，加理個孫同我哋兩公婆，五個人住。」王伯道，「不過，我住唔慣，情願住新區，自己搬返嚟。」

有成千呎樓唔住，住新區？王伯向老友吐苦水，幾乎喊得一句句。

原來王伯個仔兩公婆，一向唔肯和老人家一齊住。半年前炒了層樓，無法出手，迫住自己住，因為樓大，皮費重，將托兒所個仔接了回來，又接兩老來住。但有條件：一是要兩老照顧個孫；二是不准兩老出街。

做亞爺亞嫲，照顧個孫，雖然辛苦，自己都很喜歡。但，何以不准出街？理由是住家附近車多，兩老自己顧自己，可以；兩個後生認為再加上個細路，兩個老人會看唔住。因此，為了他們老少安全，「不准出街」！

「一兩日就話啫，長期唔准出街，點住！」王伯氣憤地說，「我就嚟理佢！我情願搬返嚟新區，好過住佢間監倉！」

聽者都為之搖頭。咁嘅仔都有！

1988~1~24

養車貴過養妾侍

亞 K 考車牌以後，有經驗者均說：「新牌仔，最好買架二手車玩玩，請個有經驗的朋友權當師傳，揸幾個鐘，叫人家指點吓。」偏偏亞 K 個性倔強，買新車。而且，車一到手，什麼「師傅」也不請，不單立即驅車過海，翌日尚且遠征新界。

清晨一家子飲完早茶，隨即環遊新界去。從北角出發，第一個目的地：元朗。過海底隧道，一直有天橋與高速路，沿着海傍，直趨荃灣。一路上清風送爽，越開越快，看看咪錶，已經九十，但隔鄰線的車仍飛快從旁邊飛過。

到屯門公路，亞 K 故意開快點，拍拍其他的車，試試他們的速度，原來一般都在百一咪以上。亞 K 搖搖頭；難怪經常發生車禍了！

何以車要開得那麼快呢？難道大家都不怕危險？亞 K 設身處地想想，原來屯門公路又直又長，踏着油門，差不多無須再做另一種動作，前後又沒有什麼車，心理負擔減少，自自然的落腳就重，開快了就不自覺。到發覺有事要刹掣，當然來不及了。

車到元朗，少不免要幫趁買一兩盒「老婆餅」、「雞仔餅」。於是泊好車，逛一會。再由元朗去上水，由上水到大圍，食一餐著名的「某記燒鵝」午飯。匆匆回北角來，尚可趕得及下午營業的工作。

泊好車，臨落車看看咪錶，記錄了這一次新界一圈遊，共走了一百二十餘咪，連逛街、食飯，亦不過三小時左右。以前未有車前，亞 K 亦試過這樣走法，是乘巴士的；得要花五個小時。有架車，「零舍」唔同。

新車落地一個月，亞 K 算算養一架車要花多少。家居樓下的停車場，月租分兩種：無蓋的收九百伍，有蓋的一千二百伍。有蓋當然好過無蓋，但額滿，要排隊輪位，只好租了無蓋的。一個月內入了三次油，每次百二左右，即是三百陸。牌費，燕梭一年七千幾，平均要六百一個月，未計保養、抄牌，及有時停到其他停車場的雜支，養架車，已經要二千。

老婆嘩然：「養呢個敗家仔，仲貴過養個妾侍！」

亞 K 計過，一蚊電油可以行兩千米，比起的士，當然平好多，但要全部算起來，搭的士就比養架車慳成半。但想起有時等的士，等二三十分鐘都截不到，到截到車時，司機大佬又話呢度唔去，果度唔去時，架車就有用矣！

1988~2~1

老師傅表演做賊

黃昏時分，忽有人按門鐘，原來是隔壁A先生夫婦，還有個已經年近花甲，長相矮小而瘦削的老工人。A先生對午言道：「對唔住，打搞你。我哋返到嚟，發覺把鎖壞咗，雖然有鎖匙，但係開極都開唔到。」午言點頭以示明白。

A先生繼續講：「冇辦法，結果請呢個開鎖師傅返嚟，佢都話冇符。」

老工人此時加把口，道：「呢種鎖好特別，係從外國特別定造嘅，一旦壞咗，係外面無論如何開唔到，除非拆咗度門。呢單嘢已經唔係頭一遭，呢幢大廈今次係第九單，次次都係我搞掂者。」老師傅洋洋自得。

乜咁大鑊！午言立即想到我們的門鎖，近日亦有小小問題，擔憂問：「咁點算？」

「唔駛驚！」老師傅道：「借你哋個窗口用吓，我爬過去，入咗屋，裏面就開得到。」老師傅以識途老馬姿態走入客廳窗前。我們的屋子，和A先生的家剛好是英文字母L的兩面，連接處成曲尺型。

老師傅道：「嗱，佢哋果邊係廚房，晒衫架伸咗出嚟。我只要由呢度爬出去，踩往晒衫架過去，就可由氣窗入去。」由氣窗入去？氣窗不過半呎多小小高，午言細心看看老師傅，原來他是標準「騎師身材」，肯定不夠九十磅。

午言再看看那晒衫架，不過是幾條鋁通製成長方形，「鋁」，易斷。午言提醒他：「係鋁通製成，夠唔夠力㗎！」

老師傅也不打話，一下子鑽出窗口去，攀着窗邊，嘗試伸腳過去踩晒衫架。只見他踩着晒衫架，慢慢的爬過去。別以為他已屆退休之年，身手倒還算靈活。忽地見他攀着窗邊站起來，踩着晒衫架「印印腳」的彈跳着：「你話佢唔夠力！我係上面跳舞都得。」只見他揚起的白髮和襯衣，猿猴似的窗外飛舞，晒衫架被他搖擺得似彈簧的上下跳動，而他亦彷彿要飛出來似的。

午言被這老天真嚇得一把汗：「大佬，呢度係廿八樓，跌落去唔講得笑者。」

他笑着說：「你同我定，都話今次係第九次，經驗老到，唔駛驚！」他跳完一輪舞，一下子就從氣窗爬了進去，午言嚇得手心都冒了汗，A 太太更是面青唇白，猛拍心口：「嚇死我！嚇死我！」

不用兩分鐘，大門就打開了。

1988~3~8

黃昏駕車過海，苦！

過海隧道塞車之得人驚，如非親身體驗過，實在難以領略。

一次約了朋友在九龍食晚飯，預早一小時七點出發，以為時間充份，安安份份的駕着車排隊。豈料入了車龍之後才知道苦，我走的是北角入隧道的那條線，開始排隊的地方，不過是銅鑼灣油站附近，短短的一程，足足花掉四十五分鐘才過到九龍。

趕到飯店，遲到超過十五分鐘。因為我一向抨擊遲到，鼓吹準時主義，這一趟，被人調笑了好一會。

這以後，我也曾試過好幾次在黃昏時駕車過海，卻又再未遇到這種塞車情況。經過多次過海後，得出的經驗是，原來由每天下午三時開始，三條過海隧道線就開始要排隊，而其中又以從跑馬地大橋出來的那條線最快，由中環方面來的那線最慢。

多試了幾次黃昏時駕車過海，塞車四十五分鐘的痛苦經驗漸漸淡忘。這一日是七點在油麻地上課，我六點從銅鑼灣出發。心中的行程是由維園側上天橋，如果北角線塞車，順勢入跑馬地，便可以由跑馬地天橋入隧道到油麻地，頂多是四十分鐘，還有足夠的時間食飯。

豈料過了「東湖」上天橋，苦也！塞車塞到天橋頂，但此時已是勢成騎虎，前進不得，後退更無可能，又無他彎可轉，惟有死死氣，照塞可也！

十五分鐘過去，車仍未到與東區走廊的匯合處。怎麼辦呢？看來七點是無論如何趕不到油麻地的了。這一節是新課程的第一課，我是個學生倒還罷了，偏偏我是老師，想到那班尚未謀面的學生在等我，急得全身汗如蟻行。

六點二十分，車終於擠過了與東區走廊的匯合處，看清楚了形勢。隧道線內的車輛，幾乎是一架串着一架，串燒似的黏着，完全不動的，就是轉去跑馬地那面，也慢似蟻行。

我是無論如何趕不及了！一顆心在往下沉，汗要從眉上流下來。怎麼辦呢？除非有直升機！也不成呢，難道把車丟下？

我狠一狠心，出盡法寶，左穿右插，居然穿過車堆，走上跑馬地天橋。慘啦，一切希望幻滅，這條路的車龍排到過了馬會和新華社。這時是六點三十。忽然靈機一動，立即把車泊在馬會，截了架的士，「金鐘，唔理點兜，快！」

的士從天樂里飛出海傍，從一條新路飛去金鐘。我衝入地鐵，趕到油麻地，跑一條又長又直的斜路上葛量洪師範。老天，我到啦，沒有遲到，進門時剛剛打鐘。不過，我已無氣授課了。

1988~3~29

火唔燒到肉唔知痛

清早的教員室，未開工前有人改簿，有人食早餐，有人讀報⋯⋯，忽有正在讀報的教師大聲道：「呢位仁兄真係慘咯，咁都入罪。噲，你哋鍾意打人哋個仔嘅兄弟留心聽住：年輕教師，用橡筋紮起五條雪條棍，打學生大腿一下⋯⋯。」未等他讀完，人人爭報紙來讀。據説事後學生還頭暈嘔吐，要入院診治。亞K道：「天方夜譚？拍大髀會頭暈嘔吐？」

「真係假到痺，」亞B道，「先生得閒紮五條雪條棍打人？閒得滯唔好去跑跑馬，買六合彩好過啦！呢個仁兄真係唔好彩。」

「咁就真，做人要小心啲。」先前讀報的那個老師説，「你睇過『誓不低頭』未？我就明哲保身，幾大唔碰果啲『金菠蘿』，教好人個仔又無獎嘅，過得自己良心就算。」

「咁就唔係啦，『火唔燒到肉』唔知痛啫，依家啲細路，唔激死你，你已經好有面。」亞K道。

「係喇，你昨日咁激氣，為乜？」

「唉，」亞K嘆口氣道：「已經六年級啦，企起身高過我。上堂唔聽書唔在講，一面喺枱底睇公仔書，一面就食香口膠，食到卜卜聲。」

「然後又點呀？」有人「篤」他一下。

「梗係叫佢行出嚟啦，」亞K道，「佢印印腳出到嚟，側起個身，寒起個背，雙手勾住兩邊褲袋，下巴抬得高高，照樣食香口膠。睇見佢印身印世個樣，我就火滾，話：『睇你似乜？成個爛仔咁款？』

「佢話：『車，亞蛇，你「狗眼看人低」啫！』……」

「咁你點做？」

「點做？我可以點做？個飯碗要緊！」亞K搖搖頭嘆氣道。

1988~3~31

詐傻扮懵輩

一群人茶敘，閒扯間很自然就會談到工作上遭遇的困難。

「工作壓力大還不要緊，自己慢慢捱，總可以做完。最慘就是碰到些『詐傻扮懵』的同事，還要照顧他，把他的工作加到自己的肩上來。」A說。

「怎樣『詐傻扮懵』？」有人問。

「你知道我們工作的那個單位，」A說，「那是個很小的部門，不過五個人，其中一個就是『詐傻』的。他首先把自己扮成精神很緊張似的，大家到飯堂去食飯，他會說人人的那碟飯都放在右邊，偏偏他的那碟放在左邊，居然懷疑有人落了毒，呱呱大叫不特止，還把飯傾倒掉，瞪着眼逐個同事看，像是我們其中一個要害死他……，整日帶着口罩，連吃東西也不肯除下，說是怕別人認得他的真面目，會追斬他。」

亞B插口道：「他只是自己緊張，搵自己笨而已，對你們可沒影響呀！」

「講古別駁古！」有人制止他。

亞A嘆口氣，繼續說：「如果只是那麼簡單，和我們無關係，偏偏他故意把自己份內的工作弄得亂七八糟。你知道啦，我們是分工的部門，一個傳一個，等於一環扣一環的鐵鍊，其中一環斷了，鐵鍊就廢啦！」

「那麼好簡單，捱義氣，大家把他那份工分了，每人做多小小，蝕底些少就是。」

「能這樣就好了」A 說，「你知道我們的是『金飯碗』，又不能炒他。好，你把他的工分了，不叫他做。他會抗議，他認為你看不起他，他會寫信到各部門去投訴，他會說自己不能白收人工，他有工作的責任，他就是喜歡把工作搗亂，叫我們從頭再做……」

「或者他真有精神病。」有人說。

「我懷疑他『虐待狂』就真。」A 說：「這還不算恐怖，最多大家做份半工。最怕是不知什麼時候，他會真認為我們想毒死他，來一招『先下手為強』，我就死俾你睇矣！」

一陣哈哈過後。

B 說：「我們的部門也有個這樣的傢伙。幸好沒有侵犯性，也不涉及『人命』，他純粹是偷懶。沒你們那個那麼威水。」

人人轉向他，B 繼續說：「你知道我們是朝九晚五的上班族，人人八點幾就回來了，你知道那傢伙什麼時間才來上班？每日十一點左右，他才回來。弄得滿身大汗的，把西裝搭在膊頭上，氣喘喘的衝進來，一副『我終於回來了』的錯愕相。起先大家不知他弄什麼玄虛，問他何事遲到……」

「他會說：『你們不知道，我八點半就回來了，來到樓下，往上一看，咦，怎麼不像我上班的地方？我便不敢進來，然後到附近去找，幢幢大廈都找過了，找了兩三個鐘都找不到，最後還是覺得這幢大廈最似，姑且上來試試，終於讓我找到了。』」

聽到這裏，大家都忍不住笑起來，有個仁兄正好在飲茶，笑得嗆咳起來，茶噴了滿地，咳嗽連連，雖然辛苦，還是邊笑邊說：「你想害死我，講個咁嘅笑話。」

「絕對是真的，」B 說，「這傢伙還在我們那裏，你打聽打聽去。」

午言道：「這種大話，講一次都無人信，日日講，搵鬼信。」說實在的，這種偷懶法，當事人也很辛苦，時時要扮傻，你估好易？何苦呢！

CIRCLE K
CIRCLE K

後記

本集所收文章，均選自一九八〇年代《快報》專欄《香港小事》的舊稿，這些文稿當年發表時，是每日以三百字左右見報。今次得機會重組，整理成文，以原貌與大家見面，是難得的機會。

取名《老香港 · 舊世情》，特別強調是「舊日香港的世情」，好讓同生於香港的同代人產生美好的回憶。故此，每篇在題目之前，先現寫作日期，讓大家知道：哦，原來那時候是這樣的！

《老香港 · 舊世情》乃係《稿匠生涯原是夢》（香港初文出版社，2023）的兄弟篇，只是內容更廣泛，是書事以外的社會動態。

最後要說的，是本集得以成書，得感謝好友迅清插圖，小友黎漢傑排除萬難、奔波勞碌，特此致謝！

2024 年 11 月 25 日

本創文學 108

老香港·舊世情

作　　者：許定銘
責任編輯：黎漢傑
設計排版：陳先英
攝影圖片：迅　清
法律顧問：陳煦堂 律師

出　　版：初文出版社有限公司
電郵：manuscriptpublish@gmail.com

印　　刷：陽光印刷製本廠

發　　行：香港聯合書刊物流有限公司
香港新界荃灣德士古道 220-248 號
荃灣工業中心 16 樓
電話：(852) 2150-2100　傳真：(852) 2407-3062

海外總經銷：貿騰發賣股份有限公司
電話：886-2-82275988　傳真：886-2-82275989
網址：www.namode.com

版　　次：2025 年 2 月初版
國際書號：978-988-70535-4-5
定　　價：港幣 78 元　新臺幣 280 元

Published and printed in Hong Kong

香港印刷及出版